다음 낱말이 사용된 상황을 ____, ____에 맞는 낱말을 써넣어 사전을 완성하세요.

오늘은 문학의 갈래 중 시를 감상할 때 생각하면 좋은 점에 대해서 배워 봐요.

시에는 '내 마음은 호수요.'와 같은 비유하는 표현이 쓰여요.

또 운율을 살려서 읊으면 리듬감을 느낄 수 있지요.

자 그러면 마지막으로 그동안 배웠던 시나 시조를 한 가지 골라 심상을 떠올려 보고, 시화 그리기를 해 볼까요?

어휘 사전

❶ ㄱ ㄹ : 하나에서 둘 이상으로 갈라져 나간 부분이나 가닥. [비슷한말] 종류

❷ ㄱ ㅅ (鑑 거울 감, 賞 상줄 상)**하다**
: 예술 작품이나 경치 등을 이해하여 즐기고 평가하다.

❸ ㅂ ㅇ (比 견줄 비, 喩 깨달을 유)**하다**
: 어떤 현상이나 사물을 다른 비슷한 현상이나 사물에 빗대어서 설명하다.
[비슷한말] 빗대다

❹ ㅅ ㅎ (詩 시 시, 畫 그림 화)
: 시가 적혀 있는 그림.

❺ ㅅ ㅈ (時 때 시, 調 고를 조): 고려 말기부터 발달하여 조선 시대에 많이 지어진 우리나라 고유의 시. [모양이 같은 말] 시조: 민족, 왕족, 가계 등의 맨 처음이 되는 조상.

❻ ㅅ ㅅ (心 마음 심, 象 코끼리 상)
: 감각에 의하여 획득한 현상이 마음속에서 재생된 것. [비슷한말] 이미지

❼ ㅇ ㅇ (韻 운 운, 律 법 율)
: 시에서 비슷한 소리의 특성이 일정하게 반복되는 형식. [비슷한말] 리듬

❽ ㅇ ㄷ : 시나 노래 등을 억양을 넣어 읽거나 외다. [비슷한말] 낭송하다, 노래하다

1 다음 낱말의 뜻을 보기 에서 찾아 기호를 쓰세요.

어휘
확인

보기

ㄱ 시가 적혀 있는 그림.

ㄴ 시나 노래 등을 억양을 넣어 읽거나 외다.

ㄷ 하나에서 둘 이상으로 갈라져 나간 부분이나 가닥.

ㄹ 어떤 현상이나 사물을 다른 비슷한 현상이나 사물에 빗대어서 설명하다.

(1) 갈래 … (   )   (2) 시화 ········ (   )

(3) 읊다 … (   )   (4) 비유하다 … (   )

2 다음 낱말의 뜻에 알맞은 낱말을 찾아 ○표 하세요.

어휘
확인

(1) 　감상하다　 예술 작품이나 경치 등을 이해하여 즐기고 (첨가하다, 평가하다).

(2) 　운율　 시에서 비슷한 소리의 특성이 일정하게 (늘어나는, 반복되는) 형식.

3 다음 문장에 어울리는 낱말을 보기 에서 찾아 빈칸에 쓰세요.

어휘
적용

보기

시조, 심상, 운율

(1) 시에서 글자 수를 일정하게 반복하면 (   )이/가 느껴진다.

(2) 이 (   )은/는 고려 시대 때 지어진 것으로, 임금에 대한 충성을 노래하였다.

(3) 이 부분은 시각적 (   )을/를 잘 표현해서 눈이 내리는 모습을 보는 것 같아.

4 다음 중 밑줄 친 낱말을 잘못 사용한 친구의 이름을 쓰세요.

> 지환: 창문을 열고 바깥 경치를 좀 <u>감상해</u> 봐.
> 우경: 박물관에서 신사임당이 그린 그림을 <u>읊었어</u>.
> 민서: 이 시는 얼굴을 둥그런 달에 <u>비유해서</u> 표현했네.

(   )

5 다음 중 뜻이 비슷한 낱말끼리 바르게 짝 지은 것을 보기 에서 모두 찾아 기호를 쓰세요.

보기
> ㉠ 운율 - 리듬   ㉡ 심상 - 주제   ㉢ 읊다 - 낭송하다

(,   )

6 밑줄 친 낱말 '시조'가 다음 뜻으로 쓰인 문장을 보기 에서 찾아 기호를 쓰세요.

보기
> ㉠ 조선 왕조의 <u>시조</u>는 이성계이다.
> ㉡ 선비는 <u>시조</u>를 읊으며 강가를 거닐었다.

(1) 민족, 왕족, 가계 등의 맨 처음이 되는 조상.   (   )

(2) 고려 말기부터 발달하여 조선 시대에 많이 지어진 우리나라 고유의 시.

(   )

관용 표현

7 다음 글의 빈칸에 들어갈 관용어로 알맞은 것에 ○표 하세요.

> 지난주에 춘천에 있는 책과 인쇄 박물관에 갔다. 먼저 1층의 인쇄 전시실에서는 활판 인쇄의 역사를 알 수 있었다. 다음으로 2층의 고서 전시실과 3층의 현대 책 전시실에서는 옛날과 오늘날의 다양한 책들을 볼 수 있었는데, 특히 한용운 시인의 『님의 침묵』 초간본이 인상 깊었다. 예전에 들어본 적도 있는 시라서 조용히 시를 **읊어** 보았다.
> 일주일이 지난 지금까지도 다양한 인쇄 기계들의 신기한 모습과 여러 책들의 표지들이 [＿＿＿＿＿＿] 것 같다.

(1) 눈에서 벗어나는: 감시나 구속에서 자유롭게 되는.   (   )

(2) 눈에 어리는: 어떤 모습이 잊히지 않고 머릿속에 뚜렷하게 떠오르는. (   )

(3) 눈을 의심하는: 잘못 보지 않았나 하여 믿지 않고 이상하게 생각하는. (   )

독해로
어휘 마무리

오늘의
나의 실력은?

최고야   좋았어   힘내자

1주 1일
정답 확인

[8~9] 다음 전기문을 읽고, 물음에 답하세요.

    윤동주는 우리나라의 대표적 시인으로, 1917년에 중국 만주에서 태어났다. 1941년, 24살에 연희 전문학교를 졸업한 윤동주는 일본의 한 대학으로 유학을 갔다가 1943년에 독립운동을 한 혐의로 일본 경찰에 체포되었다. 이후 후쿠오카 형무소에서 복역하던 중 건강이 악화되어 1945년에 28살의 젊은 나이로 세상을 떠났다.

    윤동주는 일생 동안 약 100편의 시를 남겼다. 지금도 많은 사람들이 **감상하고** 있는 윤동주의 작품들은 나라를 잃은 슬픔과 독립을 간절히 바라는 소망을 잘 표현하였다. 또한 자신의 삶을 돌아봄으로써 일제 강점기라는 암울한 현실을 극복하려는 의지를 담고 있다. 이러한 그의 작품 세계를 잘 보여 주는 대표작으로는 「서시」가 있다. 이 시에서 윤동주는 어두운 현실을 '밤', 자신이 추구하는 희망과 이상을 '별'에 ㉠**비유한** 것으로 보인다. 윤동주는 이 시에서 나라를 빼앗긴 현실에 괴로워하면서도, 자기 성찰을 통해 부끄럽지 않은 삶을 살고자 하는 의지를 표현하였다.

    윤동주는 일제 강점기 때 짧은 생애를 살았던 시인이지만 오늘날에도 사람들은 그의 시를 **읊으며** 나라를 사랑했던 그의 마음을 떠올리고 있다.

◆ **혐의:** 범죄를 저질렀을 가능성이 있다고 봄. 또는 그 가능성.

◆ **복역하던:** 죄를 지어서 그 형벌로 선고받은 기간 동안 교도소에서 징역을 살던.

◆ **암울한:** 절망적이고 침울한.

8 ㉠'비유한'과 뜻이 비슷한 낱말은 무엇인가요? (   )

① 기댄   ② 맞댄

③ 빗댄   ④ 비방한

⑤ 비웃은

9 이 글을 읽고 알 수 있는 내용으로 알맞지 <u>않은</u> 것은 무엇인가요? (   )

① 윤동주의 죽음   ② 윤동주의 출생

③ 윤동주의 대표작   ④ 윤동주의 가족 관계

⑤ 윤동주의 작품 세계

문학 작품 읽기와 관련된 말 ❷

✏️ 다음 낱말의 뜻을 보고, 초성에 알맞은 말을 써넣어 대화를 완성하세요.

내가 ㅅㅅ 을 한 편 읽었는데, 기억에 남는 ㅈㅁ 은 이야기에서 또리가 하늘이 밝고, 음…….

어떤 일을 겪는 사람이나 사물인 ㅇㅁ , 일어나는 일인 ㅅㄱ , 시간과 장소인 ㅂㄱ 을 중심으로 정리해서 말해 봐.

아, 그래! 국어 시간에 그 내용에 대해 배운 적이 있어. 그러면 소설이 어떻게 ㅈㄱ 되는지 더 잘 설명할 수 있겠다.

작가가 어떤 ㅅㅈ 으로 이야기를 ㅅㅅ 하고 있는지도 생각해 보면 더 도움이 될 거야.

오늘의 어휘

● **소설**(小 작을 소, 說 말씀 설): 작가가 지어내어 쓴, 이야기 형식으로 된 문학 작품. 비슷한말 이야기

● **인물**(人 사람 인, 物 만물 물): 이야기에서 어떤 일을 겪는 사람이나 사물.

● **사건**(事 일 사, 件 사건 건): 이야기에서 일어나는 일.

● **배경**(背 등 배, 景 경치 경): 이야기가 펼쳐지는 시간과 장소.

● **장면**(場 마당 장, 面 낮 면): 영화, 연극, 문학 작품 등에서, 일정한 공간에서 벌어지는 사건의 한 광경.

● **전개**(展 펼 전, 開 열 개)**되다**: 자세한 내용이 진행되어 펼쳐지다. 비슷한말 벌어지다, 펼쳐지다

● **서술**(敍 줄 서, 述 지을 술)**하다**: 사건이나 생각 등을 차례대로 말하거나 적다.

   비슷한말 논술하다, 묘사하다

● **시점**(視 볼 시, 點 점찍을 점): 소설에서, 이야기를 서술하여 나가는 방식이나 관점. 작중 화자가 '나'인 일인칭과 '그'인 삼인칭이 있음.

1 다음 밑줄 친 낱말의 뜻에 알맞은 말을 찾아 ○표 하세요.

어휘
확인

(1)

감동적인 <u>소설</u>을 읽었다.

➡ 작가가 (겪은 일을, 지어내서) 쓴, 이야기 형식으로 된 문학 작품.

(2)

이 소설의 <u>시점</u>은 일인칭이다.

➡ 소설에서, 이야기를 서술하여 나가는 방식이나 (결점, 관점).

(3)

상황이 점점 흥미진진하게 <u>전개되고</u> 있어.

➡ 자세한 내용이 (진행되어, 혼동되어) 펼쳐지고.

2 다음 낱말의 뜻풀이에 들어갈 알맞은 낱말을 보기 에서 찾아 쓰세요.

어휘
확인

보기

일, 사람, 장소

(1) 사건: 이야기에서 일어나는 (   ).

(2) 배경: 이야기가 펼쳐지는 시간과 (   ).

(3) 인물: 이야기에서 어떤 일을 겪는 (   )(이)나 사물.

3 다음 중 빈칸에 '장면'이 들어가기에 알맞지 <u>않은</u> 문장을 찾아 기호를 쓰세요.

어휘
적용

㉠ 이 이야기의 시간적 (   )은 1970년대이다.
㉡ 영화에서 무서운 (   )이 나올 때마다 눈을 질끈 감았다.
㉢ 이 책에서 엄마가 헤어진 딸을 만나는 (   )이 가장 기억에 남는다.

(   )

4 다음 글의 ㉠, ㉡에 들어갈 낱말이 모두 알맞은 것은 무엇인가요? (   )

> 『홍길동전』은 허균이 지은 우리나라 최초의 한글 (㉠   )(으)로, 조선 시대를 (㉡   )(으)로 하고 있다.

	㉠	㉡			㉠	㉡
①	사건	배경		②	사건	소설
③	소설	배경		④	소설	사건
⑤	소설	시점				

5 다음 문장의 밑줄 친 낱말과 뜻이 비슷한 낱말은 무엇인가요? (   )

> 슬픈 소설을 읽고 눈물을 흘렸다.

① 시   ② 수필   ③ 논설문

④ 이야기   ⑤ 전기문

6 다음 낱말과 뜻이 비슷한 낱말을 **보기**에서 찾아 쓰세요.

> **보기**
>
> 굳어지다, 논술하다, 심사하다, 펼쳐지다

(1) 서술하다 ━ (   )   (2) 전개되다 ━ (   )

7 다음 글을 읽고, 밑줄 친 내용에 어울리는 한자 성어를 찾아 ○표 하세요.

> 『흥부전』은 조선 후기 판소리계 **소설**로, 욕심 많은 형 놀부와 착한 동생 흥부가 겪은 일을 쓴 이야기이다. 어느 날, 흥부가 제비 다리를 고쳐 주었는데 그 제비가 이듬해 봄에 흥부를 잊지 않고 찾아와 박씨 하나를 주었다. 흥부는 그 박씨 덕분에 큰 부자가 되었다. 이 소식을 들은 놀부는 자기도 박씨를 얻고 싶어 제비의 다리를 일부러 부러뜨리고 고쳐 주었다. 그러나 놀부가 얻은 박씨에서는 도깨비들이 나와 놀부를 혼내 주고 재산을 모두 빼앗았다.

(1) 과유불급(過猶不及): 지나친 것은 부족한 것보다 못함.   (   )

(2) 일거양득(一擧兩得): 한 가지 일을 하여 두 가지 이익을 얻음.   (   )

(3) 각골난망(刻骨難忘): 남에게 입은 은혜가 뼈에 새길 만큼 커서 잊히지 않음.   (   )

독해로
어휘 마무리

오늘의
나의 실력은?
최고야   좋았어   힘내자

1주 2일
정답 확인

[8~9] 다음 독서 감상문을 읽고, 물음에 답하세요.

도서관에서 『고양이야, 미안해!』라는 책을 읽었다. 책 표지에 그려진 고양이처럼 우리 집 강아지도 아팠던 적이 있어서 이 책을 읽게 되었다.

토요일 오후를 **배경**으로 하는 이 이야기는 은선이라는 **인물**을 중심으로 ㉠**전개된다**. 집으로 돌아오는 길모퉁이에서 은선이는 아픈 새끼 고양이를 만난다. 은선이는 동물병원에 가서 고양이의 치료를 부탁했지만, 고양이를 병원으로 직접 데려와야 한다는 말에 치료를 포기한다. 은선이는 동물을 싫어하기 때문이다. 개를 키우는 친구 미나에게도 부탁해 보지만 미나가 거절한다. 저녁이 되어 집에 돌아온 은선이는 새끼 고양이 걱정을 하다가 언니에게 새끼 고양이에 대해 말한다. 언니와 은선이가 고양이가 있던 곳에 가 보았지만 고양이는 이미 사라지고 없었다. 마지막 부분에서 은선이가 고양이에게 미안하다고 말하는 **장면**이 인상적이었다.

이 책을 읽고 은선이처럼 나도 주변의 일들을 안타깝게 여기는 마음은 있지만 정작 행동으로는 옮기지 않는 사람은 아닌지 돌아보게 되었다. 그리고 마음먹은 일을 행동으로 실천하는 사람이 되어야겠다고 다짐했다.

◆**정작**: 어떤 일이 닥쳤을 때 기대하거나 의도했던 것과는 달리.

8 다음 중 ㉠ '전개된다'와 바꾸어 쓸 수 있는 낱말은 무엇인가요? (   )

① 만난다   ② 말한다
③ 거절한다   ④ 벌어진다
⑤ 포기한다

9 책 『고양이야, 미안해!』의 내용으로 알맞은 것은 무엇인가요? (   )

① 은선이는 동물을 싫어한다.
② 미나도 고양이를 키우고 있다.
③ 미나가 새끼 고양이를 동물병원에 데려다주었다.
④ 은선이는 동물병원에서 아픈 새끼 고양이를 보았다.
⑤ 동물병원 의사 선생님이 새끼 고양이를 치료해 주었다.

문학 작품 읽기와 관련된 말 ③

✏️ 다음 낱말의 뜻을 보고, 말풍선에서 알맞은 낱말을 찾아 ○표 하세요.

1 가치관(價 값 가, 値 값 치, 觀 볼 관)

: 사람이 어떤 것의 가치에 대하여 가지는 태도나 판단의 기준.

예 글쓴이는 글을 통해 자신보다 남을 먼저 생각해야 한다는 가치관을 전하고 있다.

2 고백적(告 아뢸 고, 白 흰 백, 的 과녁 적)

: 마음속에 생각하고 있거나 감추어 둔 것을 숨김없이 말하는 것.

예 수필은 글쓴이의 경험을 고백적으로 드러낸다.

3 담담(淡 묽을 담, 淡 묽을 담)**하다**

: 차분하고 평온하다. **비슷한말** 평온하다

예 아버지께서는 담담한 목소리로 말씀하셨다.

4 사색(思 생각 사, 索 찾을 색)

: 어떤 것에 대하여 깊이 생각하고 이치를 따짐.

비슷한말 명상, 숙고

예 엄마는 가을은 사색의 계절이라고 하시며 생각에 잠기셨다.

5 성찰(省 살필 성, 察 살필 찰)

: 자기의 마음을 반성하고 살핌.

비슷한말 반성, 자각

예 나는 엄마의 말씀을 듣고 자기 성찰을 했다.

6 여운(餘 남을 여, 韻 운 운)

: 어떤 일이 끝난 다음에도 남아 있는 느낌이나 분위기.

예 공연이 끝나고 나서도 감동의 여운이 남았다.

7 정서(情 뜻 정, 緖 실마리 서)

: 사람의 마음에 일어나는 여러 가지 감정. 또는 감정을 불러일으키는 기분이나 분위기.

비슷한말 감정

예 오빠는 정서가 풍부해 감각적인 글을 잘 쓴다.

8 짐작(斟 짐작할 짐, 酌 따를 작)**하다**

: 사정이나 형편 등을 어림잡아 헤아리다.

비슷한말 가늠하다, 헤아리다

예 말의 속뜻을 짐작하며 아빠의 말씀을 들었다.

(1)
이 노래 들어 봤니?

응, 다 듣고 나서도 (여운, 사색)이 남는 곡이더라.

(2)
이 책의 뒷이야기가 궁금한데 아직 출간되지 않았대요.

앞 이야기를 바탕으로 (담담, 짐작)해 보렴.

1 다음 낱말의 뜻에 알맞은 낱말을 찾아 ○표 하세요.

(1) 담담하다   차분하고 (평온하다, 평평하다).

(2) 짐작하다   사정이나 형편 등을 어림잡아 (기다리다, 헤아리다).

(3) 사색   어떤 것에 대하여 깊이 (생각하고, 슬퍼하고) 이치를 따짐.

2 다음 뜻에 알맞은 낱말을 찾아 선으로 이으세요.

(1) 사람이 어떤 것의 가치에 대하여 가지는 태도나 판단의 기준.   · ㉮ 고백적

(2) 마음속에 생각하고 있거나 감추어 둔 것을 숨김없이 말하는 것.   · ㉯ 정서

(3) 사람의 마음에 일어나는 여러 가지 감정. 또는 감정을 불러일으키는 기분이나 분위기.   · ㉰ 가치관

3 다음 중 밑줄 친 낱말을 바르게 사용한 문장을 모두 찾아 기호를 쓰세요.

㉠ 영화가 끝났는데도 감동의 여운이 남았다.
㉡ 엄마는 내가 학원에서 겪은 일을 대강 담담하고 있는 것 같았다.
㉢ 선생님께서 나에게 무엇을 잘못했는지 성찰의 시간을 가지라고 하셨다.

(,   )

4 다음 문장에 어울리는 낱말을 보기에서 찾아 빈칸에 쓰세요.

보기
사색, 가치관, 고백적

(1) 전기문을 읽고 인물의 (   )을 알아보았다.

(2) 아빠는 창밖을 바라보며 깊은 (   )에 잠기셨다.

5 다음 글에서 밑줄 친 낱말과 뜻이 비슷한 낱말을 찾아 쓰세요.

어휘
확장

> 『안네의 일기』는 유대인 소녀 안네 프랑크가 쓴 일기로, 가상의 친구 키티에게 자신의 감정을 솔직하게 말하듯이 쓴 글이다. 나치의 박해를 피해 은신처에 숨어 살던 안네 가족의 상황과 사춘기 소녀의 정서, 어려움 속에서도 꺾이지 않았던 안네의 용기가 생생하게 드러난 이 글은 2009년 유네스코 세계 기록 유산으로 등재되었다.
>
> ◆ 박해: 못살게 굴어서 해롭게 함.

(   )

6 다음 문장의 밑줄 친 낱말과 뜻이 비슷한 낱말은 무엇인가요? (   )

어휘
확장

> 잠시 눈을 감고 사색의 시간을 가져 보자.

① 명상   ② 명심

③ 연습   ④ 수색

⑤ 특색

관용 표현

7 다음 글을 읽고, 밑줄 친 내용에 어울리는 한자 성어를 찾아 ○표 하세요.

> 『사씨남정기』는 조선 숙종 때 김만중이 지은 소설이다. 이 소설은 숙종이 인현왕후를 내쫓고 첩인 희빈 장씨를 왕비로 맞아들인 일에 대한 숙종의 **성찰**을 바라며 쓴 것이다. 『사씨남정기』는 <u>유연수의 부인 사씨가 첩인 교씨의 모함을 받아 집에서 쫓겨나지만 나중에는 남편과 아들을 되찾고 교씨는 벌을 받는다는 내용</u>이다.

(1) 사필귀정(事必歸正): 모든 일은 반드시 바른길로 돌아감.   (   )

(2) 아전인수(我田引水): 자기에게만 이롭게 되도록 생각하거나 행동함을 이르는 말.

(   )

(3) 사면초가(四面楚歌): 아무에게도 도움을 받지 못하는, 외롭고 곤란한 지경에 빠진 형편을 이르는 말.   (   )

독해로
어휘 마무리

오늘의
나의 실력은?

최고야 · 좋았어 · 힘내자

1주 3일
정답 확인

[8~9] 다음 생활문을 읽고, 물음에 답하세요.

지난 주말, 아빠와 동생과 공원으로 나들이를 갔다가 길을 잃은 강아지를 보았다. 나와 동생은 강아지를 안타깝게 여기며 주인을 찾아 주고 싶다고 말하였다. 그러던 중, 동생의 발 옆으로 개미가 지나갔다. 동생은 발 주변을 얼쩡거리는 개미가 거슬리는지 밟으려고 하였다. 그런 동생을 말리며 아빠께서는 고려 시대에 살던 '이규보'라는 사람이 쓴 수필인 「슬견설」의 내용을 들려주셨다. 아빠께서 들려주신 「슬견설」의 내용은 다음과 같다.

> 개의 죽음을 슬퍼하는 손님에게 '나'는 이를 잡아서 불 속에 넣어 태워 죽이는 것을 보고 마음이 아팠기 때문에 다시는 이를 죽이지 않겠다고 말한다. 이는 미물이 아니냐며 자신을 놀리는 것이냐고 말하는 손님에게 '나'는 개와 이의 죽음은 같은 것이라며, 모든 생명은 살기를 원한다는 뜻을 전한다.

아빠의 이야기를 듣고 동생은 잠시 **사색**에 잠겼다. 나도 아빠께서 「슬견설」을 통해 우리에게 전하고자 하는 뜻을 **짐작할** 수 있었다. 동물을 사랑한다고 말하면서 작은 생물들의 생명을 경시했던 것은 아닌지 ㉠**성찰**의 마음을 가지고 모든 살아 있는 것들을 사랑해야겠다고 다짐했다.

◆ **수필:** 일정한 형식을 따르지 않고 인생이나 자연 또는 일상생활에서의 느낌이나 체험을 생각나는 대로 쓴 산문 형식의 글.

◆ **미물:** 인간에 비하여 보잘것없는 것이라는 뜻으로, '동물'을 이르는 말.

◆ **경시했던:** 대수롭지 않게 보거나 업신여겼던.

8 ㉠'성찰'과 뜻이 비슷한 낱말은 무엇인가요? (   )

① 반대   ② 반발   ③ 반복
④ 반성   ⑤ 반응

9 이 글에서 아빠가 전하고자 한 뜻으로 알맞은 것은 무엇인가요? (   )

① 모든 생명은 똑같이 소중하다.
② 인간의 생명이 가장 소중하다.
③ 이의 생명은 하찮게 여겨도 된다.
④ 개미의 생명이 개의 생명보다 소중하다.
⑤ 개의 생명이 개미의 생명보다 소중하다.

문학 작품 읽기와 관련된 말 ④

✏️ 다음 낱말의 뜻을 보고, 밑줄 친 낱말을 알맞게 사용하였으면 ○표, 잘못 사용하였으면 ✕표 하세요.

대사(臺 돈대 대, 詞 말씀 사)
영화나 연극 등에서 배우가 하는 말.
예 영화의 <u>대사</u>가 너무 좋아서 기억해 두었다.

무대(舞 춤출 무, 臺 돈대 대)
노래, 춤, 연극 등을 하기 위하여 객석 정면에 만들어 놓은 단.
예 <u>무대</u>가 밝아지고 연극이 시작되었다.

배역(配 짝 배, 役 부릴 역)
배우에게 역할을 나누어 맡기는 일. 또는 그 역할.
비슷한말 역, 역할
예 연극에서 내 <u>배역</u>은 토끼이다.

배우(俳 배우 배, 優 넉넉할 우)
영화나 연극, 드라마 등에 나오는 인물의 역할을 맡아서 연기하는 사람.
예 이 드라마는 유명한 두 명의 <u>배우</u>가 동시에 나오는 장면이 많다.

분장(扮 꾸밀 분, 裝 꾸밀 장)**하다**
등장인물의 성격, 나이, 특징 등에 맞게 배우를 꾸미다.
비슷한말 분하다
예 그 배우는 영화 촬영을 위해 외계인으로 <u>분장했다</u>.

소품(小 작을 소, 品 물건 품)
연극이나 영화 등에서 무대 장치나 분장 등에 쓰는 작은 도구.
비슷한말 소도구
예 영화에 쓸 <u>소품</u>을 구하기 위해 시장 곳곳을 뒤졌다.

연기(演 펼 연, 技 재주 기)
배우가 배역의 인물, 성격, 행동 등을 표현해 내는 일.
모양이 같은 말 연기: 정해진 기한을 뒤로 물려서 늘림.
예 엄마께서 좋아하시는 배우는 <u>연기</u>를 정말 잘해서 인기가 많다.

지문(地 땅 지, 文 글월 문)
희곡에서 해설과 대사를 제외한, 인물의 동작이나 표정, 심리 등을 서술한 글.
예 극본의 <u>지문</u>에 따라 배우는 멋쩍은 미소를 지었다.

희곡의 지문을 보면 등장인물들의 이름을 알 수 있어.

윤정 [____]

배우는 노래를 부르는 일이 직업인 사람들이야.

지혁 [____]

연극에서 맡은 역에 맞게 나이 든 사람처럼 분장했어.

정아 [____]

1 다음 낱말의 뜻으로 알맞은 것을 찾아 ○표 하세요.

(1) 연기

　㉠ 등장인물의 성격, 나이, 특징 등에 맞게 배우를 꾸밈. (　　　　)
　㉡ 배우가 배역의 인물, 성격, 행동 등을 표현해 내는 일. (　　　　)

(2) 소품

　㉠ 연극이나 영화 등에서 무대 장치나 분장 등에 쓰는 작은 도구. (　　　　)
　㉡ 무대의 예술적인 효과 또는 촬영 효과를 높이기 위하여 빛을 비춤. 또는 그 빛. (　　　　)

2 다음 낱말의 뜻풀이에 들어갈 알맞은 낱말을 보기 에서 찾아 쓰세요.

보기
대사, 동작, 인물, 허물

(1) 배우: 영화나 연극, 드라마 등에 나오는 (　　　　　　　)의 역할을 맡아서 연기하는 사람.

(2) 지문: 희곡에서 해설과 대사를 제외한, 인물의 (　　　　　　　)(이)나 표정, 심리 등을 서술한 글.

3 다음 대화의 빈칸에 들어갈 알맞은 낱말에 ○표 하세요.

주원: 서아야, 이번에 연극에서 어떤 (　　　　　　)을/를 맡았니?
서아: 나는 화가를 맡았어. 넌?
주원: 난 가게 주인을 맡았어. 우리 열심히 연습하자.

(1) 대사 (　　　　) 　　　(2) 무대 (　　　　) 　　　(3) 배역 (　　　　)

4 다음 중 밑줄 친 낱말을 잘못 사용한 문장은 무엇인가요? (　　　　)

① 드라마의 <u>배우</u>로 사용될 가방과 필통을 준비했다.
② 가수가 <u>무대</u>에 오르자 관객들은 큰 함성을 질렀다.
③ 드라마 주인공이 <u>연기</u>를 못해서 비난을 받고 있다.
④ 임금으로 <u>분장하기</u> 위해 왕관을 쓰고 수염을 붙였다.
⑤ <u>대사</u>를 잊어버린 배우는 당황해서 아무 말도 하지 않고 서 있었다.

5 다음 낱말과 뜻이 비슷한 낱말을 보기 에서 찾아 기호를 쓰세요.

> 보기
>
> ㉠ 분하다   ㉡ 전하다   ㉢ 역량   ㉣ 역할

(1) 배역 ━ (   )   (2) 분장하다 ━ (   )

6 밑줄 친 낱말 '연기'가 다음 뜻으로 쓰인 문장을 보기 에서 찾아 기호를 쓰세요.

> 보기
>
> ㉠ 전시회가 무기한 <u>연기</u>라는 안내문을 보았다.
> ㉡ 우리 아빠는 대학교에서 <u>연기</u>를 지도하고 계신다.

(1) 정해진 기한을 뒤로 물려서 늘림.   (   )
(2) 배우가 배역의 인물, 성격, 행동 등을 표현해 내는 일.   (   )

관용 표현

7 다음 글에서 할아버지 배역을 맡은 배우에게 어울리는 한자 성어를 찾아 ○표 하세요.

　　주말에 부모님과 함께 연극을 보았다. 도시에 사는 손자가 시골에 사시는 할아버지 댁에 오면서 벌어지는 일에 대한 내용이었다. 특히 할아버지 **배역**을 맡은 분은 약 30년 전부터 연극 **무대**에 올랐으며, 연기력이 뛰어나기로 유명하다. 그분의 탄탄한 **연기**는 관객들에게 감동을 주기에 충분했다.

(1) 금상첨화(錦上添花): 좋은 일 위에 또 좋은 일이 더하여짐을 비유적으로 이르는 말.

(   )

(2) 청출어람(靑出於藍): 제자나 후배가 스승이나 선배보다 나음을 비유적으로 이르는 말.

(   )

(3) 명불허전(名不虛傳): 명성이나 명예가 헛되이 퍼진 것이 아니라는 뜻으로, 이름날 만한 까닭이 있음을 이르는 말.

(   )

독해로
어휘 마무리

오늘의
나의 실력은?

최고야

좋았어

힘내자

1주 4일
정답 확인

[8~9] 다음 설명하는 글을 읽고, 물음에 답하세요.

연극의 대본을 희곡이라고 하고, 영화나 드라마의 대본을 시나리오라고 한다. 희곡과 시나리오는 모두 대본이지만 비슷한 점도 있고 다른 점도 있다.

희곡과 시나리오는 작가가 상상하여 꾸며 낸 문학으로, **대사**와 **지문**, 해설로 구성된다는 점이 같다. **배우가** 하는 말인 (㉠)와/과 **연기**를 통해 하나의 작품이 표현되며, 등장인물의 갈등이 등장한다.

하지만 희곡은 **무대** 위 상연을 목적으로 하고, 시나리오는 영화나 드라마의 상영을 목적으로 한다는 점이 다르다. 이밖에도 희곡은 즉각적인 장면 전환이 어렵지만 시나리오는 장면 전환이 자유롭다는 점, 희곡은 시간과 공간, 등장인물의 수에 제약이 많지만 시나리오는 시간과 공간, 등장인물의 수에 상대적으로 제약이 적다는 점이 다르다.

지금까지 희곡과 시나리오의 공통점과 차이점에 대해 살펴보았다. 희곡과 시나리오는 구성 요소나 표현 방식이 비슷하지만 글을 쓰는 목적이나 장면 전환의 자율성 등에서 차이점이 있다.

◆ **상연:** 무대에서 연극, 무용, 음악 등의 공연을 관객에게 해 보이는 일.

◆ **제약:** 조건을 붙여 내용을 제한함. 또는 그 조건.

8 ㉠에 들어갈 낱말로 알맞은 것은 무엇인가요? ( )

① 대사 ② 소품
③ 역할 ④ 지문
⑤ 해설

9 이 글의 내용으로 알맞지 <u>않은</u> 것은 무엇인가요? ( )

① 희곡과 시나리오 모두 대사와 지문, 해설로 구성된다.
② 희곡과 시나리오 모두 작가가 상상하여 꾸며 낸 문학이다.
③ 희곡은 연극의 대본이고, 시나리오는 영화나 드라마의 대본이다.
④ 희곡은 등장인물의 수에 제약이 많지만 시나리오는 제약이 적다.
⑤ 희곡은 영화나 드라마의 상영을 목적으로 하고, 시나리오는 무대 위 상연을 목적으로 한다.

문학 작품 읽기와 관련된 말

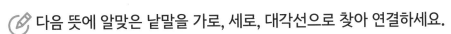

✏️ 다음 뜻에 알맞은 낱말을 가로, 세로, 대각선으로 찾아 연결하세요.

여	운	인	심	상	노	사	입	의
정	율	권	리	컴	시	조	준	식
편	별	선	집	행	화	교	공	주
지	견	징	담	십	리	과	소	설
각	막	박	담	성	하	서	품	국
자	섭	비	하	한	다	배	하	차
서	술	하	다	욱	오	역	개	표

 낱말 뜻

1 차분하고 평온하다.

2 시가 적혀 있는 그림.

3 사건이나 생각 등을 차례대로 말하거나 적다.

4 배우에게 역할을 나누어 맡기는 일. 또는 그 역할.

5 작가가 지어내어 쓴, 이야기 형식으로 된 문학 작품.

6 감각에 의하여 획득한 현상이 마음속에서 재생된 것.

7 어떤 일이 끝난 다음에도 남아 있는 느낌이나 분위기.

8 시에서 비슷한 소리의 특성이 일정하게 반복되는 형식.

9 연극이나 영화 등에서 무대 장치나 분장 등에 쓰는 작은 도구.

10 고려 말기부터 발달하여 조선 시대에 많이 지어진 우리나라 고유의 시.

[1~2] 다음 밑줄 친 낱말의 뜻으로 알맞은 것을 찾아 ○표 하세요.

1

> 강추위 속에서도 저소득 계층 아이들을 위해 산타 할아버지로 <u>분장한</u> 자원봉사자들이 있어 화제다. 이들은 저소득 가정을 방문하여 케이크와 선물을 나누어 주었다.

(1) 배우가 배역의 인물, 성격, 행동 등을 표현해 낸.   (   )
(2) 등장인물의 성격, 나이, 특징 등에 맞게 배우를 꾸민.   (   )

2

> 만화 영화에서 주인공이 어떤 안경을 쓰면 주변 사물에 대해 알고 싶은 정보가 눈앞에 펼쳐지는 <u>장면</u>을 본 적이 있나요? 이제는 만화 영화뿐만 아니라 현실에서도 이런 일이 가능해요. 이것을 가능하게 하는 것이 바로 증강 현실이지요. 증강 현실은 현실에 가상의 글이나 그림을 겹쳐서 하나의 영상으로 보여 주는 기술을 말해요. 게임부터 교육, 의료 등 여러 분야에서 활용되고 있지요.

(1) 이야기가 펼쳐지는 시간과 장소.   (   )
(2) 영화, 연극, 문학 작품 등에서, 일정한 공간에서 벌어지는 사건의 한 광경.   (   )

[3~4] 다음 글에서 뜻이 비슷한 두 낱말을 찾아 기호를 쓰세요.

3

> ㉠문학은 생각이나 감정을 ㉡글로 표현한 예술이다. 문학의 ㉢갈래에는 시, 소설, 희곡, 수필 등이 있다. 우리는 다양한 ㉣종류의 문학을 통해 즐거움과 감동을 얻고 다양한 세계를 ㉤간접적으로 경험할 수 있다.

(   ), (   )

4

> '변죽을 울리다'는 직접적으로 말하지 않고 ㉠둘러서 말하여 ㉡짐작하게 한다는 뜻의 관용어이다. '변죽'은 그릇이나 과녁 등의 가장자리를 뜻하는 말이다. 변죽을 울린다는 것은 그릇의 가장자리를 ㉢쳐서 그릇의 가운데까지 ㉣울리게 한다는 말이다. 이처럼 바로 집어 말하지 않고 둘러서 말하여 말의 뜻을 ㉤가늠하게 할 때 '변죽을 울리다'라는 표현을 쓴다.

(   ), (   )

[5~6] 다음 글의 （ ） 에 들어갈 알맞은 낱말을 찾아 ○표 하세요.

5

> 사군자는 매화, 난초, 국화, 대나무를 가리키는 말로, 네 가지 식물의 장점을 덕과 학문이 뛰어난 사람에 감상한 비유한 서술한 표현이기도 하다.

6

> 찰리 채플린은 영국의 위대한 배우이자 영화 제작자이다. 그는 자신이 만든 영화를 보고 사람들이 웃을 때마다 큰 보람을 느꼈지만, 반대로 사람들의 반응이 좋지 않으면 끊임없이 마찰 성찰 정찰 을 하며 자신의 잘못을 살폈다.

[7~8] 다음 글의 밑줄 친 낱말을 넣어 문장을 만들어 쓰세요.

> 주말에 아빠와 함께 충청남도 서산시에 있는 안견 기념관에 다녀왔다. 차를 타고 한 시간쯤 가니 안견 기념관에 도착할 수 있었다. 비록 복제한 것이긴 하지만, 안견의 그림을 감상할 수 있어서 좋았다. 아빠께서 안견은 조선의 유명한 화가로 손꼽히지만 그의 생애는 거의 알려진 것이 없고, 태어난 시기와 죽은 시기도 짐작할 뿐이라고 말씀해 주셨다.

7 감상하다 : 예술 작품이나 경치 등을 이해하여 즐기고 평가하다.

_____

8 짐작하다 : 사정이나 형편 등을 어림잡아 헤아리다.

_____

한 걸음 더!

○ '文'(문)이 들어간 낱말은 '글'과 관련 있어요. '文'(문)이 들어간 낱말을 알아보아요.

문단

글에서 여러 문장들이 모여 하나의 완결된 생각을 나타내는 단위.

문맹

배우지 못하여 글을 읽거나 쓸 줄을 모름. 또는 그런 사람.

文
글월 문

작문

글을 지음. 또는 지은 글.

문집

시나 소설 등의 글을 모아서 엮은 책.

 Q 다음 문장에 알맞은 낱말을 찾아 ○표 하세요.

(1) 이 작가는 (문집, 작문) 실력이 뛰어나다.

(2) 한글을 배운 할머니는 (문단, 문맹)에서 벗어나셨다.

(3) 우리 반 친구들이 쓴 시를 모아 (문단, 문집)을 만들었다.

비문학 작품 읽기와 관련된 말 ①

✏️ 다음 낱말의 뜻을 보고, 초성에 알맞은 말을 써넣어 대화를 완성하세요.

'초등학생의 인터넷 사용 시간을 제한해야 한다'라는 주제의 ㄴ ㅅ ㅁ 을 읽었어.
글쓴이는 초등학생들이 인터넷을 지나치게 많이 사용한다고 ㅂ ㅍ 하고 있어.

글쓴이는 초등학생의 인터넷 사용 시간을 줄여야 한다는 ㅇ ㄷ 를 가지고 글을 썼구나.
근거가 ㅌ ㄷ 한지 ㅍ ㄷ 하며 읽었니?

그럼. 근거의 ㅈ ㅈ ㅅ 을 생각하며 읽었지. 하지만 나는 인터넷 사용 시간을
줄여야 한다는 글쓴이의 ㄱ ㅈ 에 동의할 수 없어!

우기기만 하지 말고 ㅇ ㅊ 에 맞는 근거를 들어서 너도 논설문을 써 봐.

오늘의 어휘

● **관점**(觀 볼 관, 點 점찍을 점): 사물이나 현상을 보고 생각하는 개인의 입장 또는 태도.
  비슷한말 시각, 각도

● **논설문**(論 논의할 논, 說 말씀 설, 文 글월 문): 어떤 주제에 관하여 자기의 생각이나 주장을 논리적으로
  밝혀 쓴 글.

● **비판**(批 비평할 비, 判 판가름할 판)**하다**: 무엇에 대해 자세히 따져 옳고 그름을 밝히거나 잘못된 점을
  지적하다.   비슷한말 비평하다, 평론하다

● **의도**(意 뜻 의, 圖 그림 도): 무엇을 하고자 하는 생각이나 계획. 또는 무엇을 하려고 꾀함.   비슷한말 뜻

● **이치**(理 다스릴 이, 致 이를 치): 정당하고 도리에 맞는 원리. 또는 근본이 되는 목적이나 중요한 뜻.
  비슷한말 원리

● **적절성**(適 갈 적, 切 끊을 절, 性 성품 성): 꼭 알맞은 성질.

● **타당**(妥 온당할 타, 當 마땅할 당)**하다**: 일의 이치로 보아 옳다.   비슷한말 옳다, 당연하다, 마땅하다

● **판단**(判 판가름할 판, 斷 끊을 단)**하다**: 일정한 논리나 기준에 따라 어떠한 것에 대한 생각을 정하다.
  비슷한말 생각하다, 판정하다

1 다음 낱말의 뜻에 알맞은 낱말을 찾아 선으로 이으세요.

어휘
확인

(1) 타당하다: 일의 이치로 보아 (   ).

(2) 비판하다: 무엇에 대해 자세히 따져 옳고 그름을 밝히거나 잘못된 점을 (   ).

(3) 판단하다: 일정한 논리나 기준에 따라 어떠한 것에 대한 생각을 (   ).

・㉮ 옳다

・㉯ 정하다

・㉰ 지적하다

2 다음 낱말의 뜻에 알맞은 낱말을 보기에서 찾아 쓰세요.

어휘
확인

보기

계획, 입장, 주제

(1) 관점: 사물이나 현상을 보고 생각하는 개인의 (   ) 또는 태도.

(2) 의도: 무엇을 하고자 하는 생각이나 (   ). 또는 무엇을 하려고 꾀함.

(3) 논설문: 어떤 (   )에 관하여 자기의 생각이나 주장을 논리적으로 밝혀 쓴 글.

3 다음 중 빈칸에 '적절성'이 들어가기에 알맞은 문장을 찾아 기호를 쓰세요.

어휘
적용

㉠ 백두산은 앞으로 폭발할 (   )이 높은 것으로 밝혀졌다.

㉡ 논설문을 읽을 때에는 표현의 (   )을 판단하며 읽어야 한다.

㉢ 이번 경기에서 집중력만 발휘한다면 이길 (   )이 있다고 생각해.

(   )

4 다음 빈칸에 공통으로 들어갈 알맞은 낱말을 쓰세요.

어휘 적용

- 표정을 통해 상대방의 □□을/를 짐작할 수 있다.
- 세윤이가 무슨 □□(으)로 그런 말을 한 것인지 생각해 보았다.
- 좋은 □□(으)로 한 행동이어도 결과가 반드시 좋은 것은 아니다.

(   )

5 다음 낱말과 뜻이 비슷한 낱말을 **보기**에서 찾아 쓰세요.

어휘 확장

보기

시각, 시간, 착각하다, 판정하다

(1) 관점 ━ (   )   (2) 판단하다 ━ (   )

6 다음 문장의 밑줄 친 낱말과 바꾸어 쓸 수 있는 낱말은 무엇인가요? (   )

어휘 확장

봄이 지나고 여름이 오는 것은 자연의 당연한 <u>이치</u>이다.

① 가치   ② 신비   ③ 원리
④ 이해   ⑤ 아름다움

관용 표현

7 다음 글의 밑줄 친 내용에 어울리는 한자 성어를 찾아 ○표 하세요.

    SNS에 악성 댓글을 달며 다른 사람을 무조건적으로 비난하거나 과하게 **비판하는** 사람들이 있다. 최근에는 유명인이 아닌 일반인도 악성 댓글에 시달리는 경우가 <u>수두룩하게 생겨나고 있다.</u> 악성 댓글은 언어 폭력으로, 다른 사람에게 큰 영향을 줄 수도 있다. 더이상 악성 댓글로 상처받는 사람이 생기지 않도록 사회와 개인 모두가 노력해야 한다.

(1) 비일비재(非一非再): 같은 현상이나 일이 한두 번이나 한둘이 아니고 많음. (   )
(2) 삼삼오오(三三五五): 서너 사람 또는 대여섯 사람이 떼를 지어 다니거나 무슨 일을 함. 또는 그런 모양. (   )
(3) 구우일모(九牛一毛): 아홉 마리의 소 가운데 박힌 하나의 털이란 뜻으로, 매우 많은 것 가운데 극히 적은 수를 이르는 말. (   )

독해로 어휘 마무리

오늘의
나의 실력은?
최고야 좋았어 힘내자

2주 1일
정답 확인

[8~9] 다음 주장하는 글을 읽고, 물음에 답하세요.

최근 키오스크가 설치된 카페, 식당, 병원 등이 늘어나고 있다. 키오스크는 공공장소에 설치되어 있는 무인 단말기를 말한다. 가게를 운영하는 사람의 **관점**에서 볼 때 직원을 고용하는 것보다 경제적으로 이득이라고 **판단하여** 키오스크를 설치하는 매장이 늘어나고 있다. 하지만 다음과 같은 까닭으로 키오스크 사용을 반대한다.

첫째, 노인이나 어린이, 장애인과 같은 취약 계층이 사용하기에 불편하다. 노인의 경우 키오스크 사용에 익숙하지 않고, 어린이나 휠체어를 탄 장애인의 경우 키오스크가 너무 높이 있어 이용하기 어려울 때가 많다.

둘째, 결제 방식이 다양하지 않다. 키오스크는 대부분 신용 카드나 직불 카드로만 결제할 수 있기 때문에 현금만 있는 사람들은 결제를 할 수 없는 경우가 많다.

셋째, 일자리가 줄어든다. 직원들이 할 일을 키오스크가 대신하기 때문에 실업자가 늘어나게 되고, 이는 심각한 사회적 문제로 이어질 수도 있다.

이처럼 키오스크 사용은 여러 가지 문제점이 있다. 따라서 키오스크를 사용하지 않는 것이 ㉠**타당하다고** 생각한다.

◆ **단말기:** 컴퓨터의 중앙 처리 장치와 연결되어 자료를 입력하거나 출력하는 기기.
◆ **취약 계층:** 다른 계층에 비해 무르고 약하여 사회적으로 보호가 필요한 계층.
◆ **직불 카드:** 연결된 은행 계좌에서 돈을 찾거나 물건 값을 지불할 수 있는 카드.

8 ㉠'타당하다고'와 뜻이 비슷한 낱말을 모두 고르세요. (,   )

① 당당하다고
② 당연하다고
③ 마땅하다고
④ 부당하다고
⑤ 중요하다고

9 키오스크 사용에 대해 글쓴이와 같은 관점을 가진 친구는 누구인가요? (   )

① 희철: 키오스크를 사용하면 터치 몇 번으로 주문할 수 있어서 주문 대기 시간이 감소해.
② 은우: 키오스크를 사용하면 기기 오류가 발생했을 때 즉각적인 대처가 어려워서 불편해.
③ 아영: 키오스크에서는 음성 서비스나 동영상 등을 통해 다양한 정보를 제공해 줄 수 있어.
④ 원빈: 키오스크를 사용하면 직원과 고객이 직접 대면하지 않아서 감염병 위험에서 자유로워.
⑤ 채원: 키오스크를 사용하면 선택한 메뉴를 다시 확인하고 주문할 수 있어서 주문 실수가 줄어.

비문학 작품 읽기와 관련된 말 ②

✏️ 다음 낱말의 뜻을 보고, 밑줄 친 낱말을 알맞게 사용하였으면 ○표, 잘못 사용하였으면 ✕표 하세요.

공통점 (共 함께 공, 通 통할 통, 點 점찍을 점)
여럿 사이에 서로 같은 점.
비슷한말 동일점, 유사점
반대말 차이점
예 호랑이와 사자는 동물이라는 공통점이 있다.

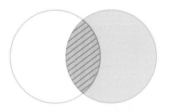

대상 (對 대답할 대, 象 코끼리 상)
어떤 일의 상대 또는 목표나 목적이 되는 것.
예 아빠와 엄마는 내가 좋아하는 대상이다.

비교 (比 견줄 비, 較 견줄 교)
둘 이상의 것을 함께 놓고 어떤 점이 같고 다른지 살펴봄.
비슷한말 대비
예 경주에 있는 두 왕릉을 비교 분석했다.

대조 (對 대답할 대, 照 비출 조)
둘 이상의 것을 맞대어 같고 다름을 살펴봄.
예 용의자의 지문과 사건 현장에 남겨진 지문의 대조가 이루어졌다.

분류 (分 나눌 분, 類 무리 류)
여럿을 종류에 따라서 나눔.
비슷한말 구분
예 분류 기준을 세워 악기의 종류를 나누었다.

열거 (列 벌일 열, 擧 들 거)
여러 가지 예나 사실을 낱낱이 죽 늘어놓음. 비슷한말 나열
예 겪은 일을 단순히 열거만 해서는 좋은 생활문이 완성되지 않는다.

정보 (情 뜻 정, 報 갚을 보)
어떤 사실이나 현상을 관찰하거나 측정하여 모은 자료를 정리한 지식. 또는 그 자료.
비슷한말 지식
예 인터넷 검색으로 다양한 정보를 얻을 수 있다.

설명문 (說 말씀 설, 明 밝을 명, 文 글월 문)
읽는 이에게 어떤 사실이나 지식, 정보 등을 전달하고 이해시키기 위하여 객관적이고 논리적으로 쓴 글.
예 우리나라의 전통 놀이에 대해 알려 주는 설명문을 읽었다.

저작권을 보호하자고 주장하는 설명문을 읽었어.

예준 [　　　]

자장면은 달콤하고 짬뽕은 매콤하다는 공통점이 있어.

지아 [　　　]

숙제를 하려고 인터넷으로 우주에 관한 정보를 검색했어.

민하 [　　　]

1 다음 뜻에 알맞은 낱말을 보기 에서 찾아 쓰세요.

어휘
확인

보기

대상, 대조, 정보

(1) 둘 이상의 것을 맞대어 같고 다름을 살펴봄.   (   )

(2) 어떤 일의 상대 또는 목표나 목적이 되는 것.   (   )

(3) 어떤 사실이나 현상을 관찰하거나 측정하여 모은 자료를 정리한 지식. 또는 그 자료.

(   )

2 다음 낱말의 뜻에 알맞은 낱말을 찾아 ○표 하세요.

어휘
확인

(1) 공통점   여럿 사이에 서로 (같은, 다른) 점.

(2) 분류   여럿을 종류에 따라서 (나눔, 버림).

(3) 열거   여러 가지 예나 사실을 낱낱이 죽 (갈라놓음, 늘어놓음).

3 다음 문장에 어울리는 낱말을 찾아 ○표 하세요.

어휘
적용

(1) 엄마는 물건을 살 때마다 가격 (비교, 비율)을/를 하신다.

(2) 여기에 있는 책들을 종류에 따라 (대조, 분류)를 해서 정리하자.

(3) 회의에 참석한 사람들의 이름 (열거, 철거)만으로는 참석자가 누구인지 파악하기 힘들다.

4 다음 중 밑줄 친 낱말을 잘못 사용한 친구의 이름을 쓰세요.

어휘
적용

준아: 이 영화는 어린이를 <u>대상</u>으로 만들었어.

서연: 나랑 성하는 성격이 달라서 <u>공통점</u>이 많아.

정민: 설명문은 지식이나 <u>정보</u>를 잘 이해할 수 있도록 풀어 쓴 글이야.

(   )

5 다음 밑줄 친 낱말과 뜻이 비슷한 낱말을 찾아 선으로 이으세요.

어휘
확장

(1) 승환이와 나는 의외로 <u>공통점</u>이 많다. ·

· ㉮ 구분

(2) 책상 위에 있는 물건들을 종류대로 <u>분류</u>를 하자. ·

· ㉯ 나열

(3) 이 제품은 장점이 너무 많아 하나하나 <u>열거</u>를 하기 힘들 정도이다. ·

· ㉰ 유사점

6 다음 대화의 빈칸에 들어갈 알맞은 낱말은 무엇인가요? (   )

어휘
확장

<사회 숙제>
남부 지방과 북부 지방의
의식주 생활 특성 비교

현정: 사회 숙제가 뭐였더라?
성오: 남부 지방과 북부 지방의 의식주 생활 특성
(   )야.

① 감소　　　　　　② 검색　　　　　　③ 대비
④ 변화　　　　　　⑤ 설명

관용 표현

7 다음 글에서 밑줄 친 관용어의 뜻으로 알맞은 것에 ○표 하세요.

　　멘델은 유전 법칙을 발견한 오스트리아의 과학자입니다. 유전이란 윗대의 생김새, 성격, 체질 등과 같은 **정보**가 다음 세대에게 전해지는 것을 말합니다. 멘델은 완두를 연구해 유전에 대한 법칙들을 발견했습니다. 하지만 당시 과학자들은 멘델의 이론을 이해하지 못했습니다. 멘델이 죽고 난 후에야 멘델의 유전 법칙은 <u>빛을 발했고</u>, 멘델은 유전학의 아버지로 불리게 되었습니다.

(1) 관심을 돌렸고.　　　　　　　　　　　　　　　　　　　(   )

(2) 제 능력이나 값어치를 드러냈고.　　　　　　　　　　　　(   )

(3) 해결할 방법이나 실마리가 생겼고.　　　　　　　　　　　(   )

독해로
어휘 마무리

오늘의
나의 실력은?

최고야   좋았어   힘내자

2주 2일
정답 확인

[8~9] 다음 설명하는 글을 읽고, 물음에 답하세요.

15~16세기는 유럽 사람들이 활발하게 신대륙을 발견하던 때로, 당시 배에서 오래 생활한 선원 중에는 괴혈병으로 죽는 사람이 많았다. 괴혈병은 비타민 시(C)가 부족해서 걸리는 병이다. 비타민 시(C)는 신선한 과일이나 야채를 통해 섭취할 수 있는데, 당시에는 그런 (㉠   )이/가 없었기 때문에 괴혈병은 아주 무서운 병이었다. 괴혈병의 치료법은 영국의 제임스 린드가 처음 알아냈다. 그는 괴혈병에 걸린 사람을 **대상**으로 **비교** 실험을 했는데, 그 결과 레몬을 먹은 사람은 괴혈병이 낫고 그렇지 않은 사람은 낫지 않는다는 것을 알아냈다. 하지만 그때까지도 비타민 시(C)의 존재는 밝혀지지 않았다.

비타민 시(C)의 정체는 20세기 초에 밝혀졌다. 1930년에 헝가리의 과학자 센트죄르지가 괴혈병을 막는 물질을 발견했고, 1932년에 미국의 과학자 킹이 그 물질이 비타민 시(C)라는 것을 알아냈다. 두 사람은 자신이 최초로 비타민 시(C)를 발견했다며 다투었지만 더 오래 연구한 센트죄르지에게 공이 돌아갔고, 센트죄르지는 1937년에 노벨상을 받았다.

◆ **괴혈병:** 비타민 시(C)가 부족하여 잇몸이나 피부에서 피가 나며 기운이 없고 빈혈을 일으키는 병.

◆ **공:** 어떤 일을 위해 바친 노력과 수고. 또는 그 결과.

8 ㉠에 들어갈 낱말로 알맞은 것을 모두 고르세요. (,   )

① 분야   ② 정보
③ 증상   ④ 지식
⑤ 현상

9 이 글의 내용으로 알맞지 <u>않은</u> 것은 무엇인가요? (   )

① 비타민 시(C)가 부족하면 괴혈병에 걸린다.
② 15~16세기에는 괴혈병으로 죽는 선원들이 많았다.
③ 센트죄르지가 괴혈병의 치료법을 처음으로 알아냈다.
④ 비타민 시(C)는 신선한 야채나 과일을 통해 섭취할 수 있다.
⑤ 센트죄르지는 괴혈병을 막는 물질을 연구한 공로로 노벨상을 받았다.

비문학 작품 읽기와 관련된 말 ③

✏️ 다음 낱말이 사용된 상황을 보고, 뜻에 맞는 낱말을 써넣어 사전을 완성하세요.

어휘 사전

❶ ㄱ ㅅ (感 느낄 감, 想 생각 상)

: 여행하면서 든 생각이나 느낌.

❷ ㄱ ㅁ (見 볼 견, 聞 들을 문)

: 여행하면서 보고 들은 것.

❸ ㄱ ㅇ (奇 기이할 기, 異 다를 이)**하다**

: 기묘하고 이상하다.
비슷한말 괴상하다, 이상하다

❹ ㅁ ㅅ (描 그릴 묘, 寫 베낄 사)**하다**

: 어떤 대상을 있는 그대로 자세하게 말이나 글로 표현하거나 그림으로 그리다.

❺ ㅂ ㅁ (訪 찾을 방, 問 물을 문)**하다**

: 어떤 사람이나 장소를 찾아가서 만나거나 보다. 비슷한말 찾다, 찾아가다

❻ ㅇ ㅈ (旅 나그네 여, 程 단위 정)

: 여행의 과정이나 일정. 비슷한말 노정

❼ ㅇ ㅈ (遺 남길 유, 跡 자취 적)

: 남아 있는 역사적인 자취.

❽ ㅍ ㄱ (風 바람 풍, 光 빛 광)

: 산이나 들, 강, 바다 등의 자연이나 지역의 모습. 비슷한말 풍경, 경치, 산수

1 다음 뜻풀이에 알맞은 낱말을 찾아 선으로 이으세요.

(1) 기묘하고 이상하다. • • ㉮ 기이하다

(2) 어떤 사람이나 장소를 찾아가서 만나거나 보다. • • ㉯ 묘사하다

(3) 어떤 대상을 있는 그대로 자세하게 말이나 글로 표현하거나 그림으로 그리다. • • ㉰ 방문하다

2 다음 낱말의 뜻으로 알맞은 것을 찾아 ○표 하세요.

(1) 풍광
- ㉠ 남아 있는 역사적인 자취. ( )
- ㉡ 산이나 들, 강, 바다 등의 자연이나 지역의 모습. ( )

(2) 여정
- ㉠ 보고 들음. ( )
- ㉡ 여행의 과정이나 일정. ( )

3 다음 중 빈칸에 '풍광'이 들어가기에 알맞은 문장을 찾아 기호를 쓰세요.

㉠ 노을이 지는 아름다운 ( )을 사진으로 남겼다.
㉡ 이번 주말에 가까운 산으로 ( )을 가려고 한다.
㉢ 우리나라로 ( )을 오는 외국인의 수가 증가하고 있다.

( )

4 다음 글의 ㉠, ㉡에 들어갈 낱말이 모두 알맞은 것은 무엇인가요? ( )

이 책은 글쓴이가 우리나라의 여러 도시를 여행하면서 쓴 글들을 엮은 것으로, 여행하면서 보고 들은 (㉠)과/와 생각하거나 느낀 (㉡)이/가 자세히 기록되어 있다.

	㉠	㉡		㉠	㉡
①	감상	여정	②	견문	여정
③	견문	감상	④	여정	견문
⑤	여정	감상			

5 다음 중 뜻이 비슷한 낱말끼리 바르게 짝 지은 것은 무엇인가요? (   )

어휘
확장

> ㉠ 여정 - 노정   ㉡ 유적 - 유행
> ㉢ 풍광 - 풍경   ㉣ 방문하다 - 건너가다

① ㉠, ㉢   ② ㉠, ㉣   ③ ㉡, ㉢

④ ㉡, ㉣   ⑤ ㉢, ㉣

6 다음 문장의 밑줄 친 낱말과 뜻이 비슷한 낱말을 모두 고르세요. (,   )

어휘
확장

산을 오르다가 <u>기이하게</u> 생긴 바위를 보았다.

① 고상하게   ② 괴상하게

③ 기특하게   ④ 이상하게

⑤ 자상하게

관용 표현

7 다음 글의 내용에 어울리는 한자 성어를 찾아 ○표 하세요.

온 가족이 모여 정을 나눈다는 명절이지만 최근 명절의 모습이 바뀌고 있다. 설날이나 추석과 같은 명절에 차례를 지내거나 친척 집을 **방문하는** 대신 국내외로 여행을 떠나는 사람들이 많아지고 있다. 다가오는 추석은 임시 공휴일 지정으로 더욱 긴 연휴가 될 예정이라 더 많은 사람들이 해외여행에 나설 것으로 예측되고 있다.

(1) 전화위복(轉禍爲福): 재앙과 근심, 걱정이 바뀌어 오히려 복이 됨. (   )

(2) 격세지감(隔世之感): 오래지 않은 동안에 몰라보게 변하여 아주 다른 세상이 된 것 같은 느낌. (   )

(3) 풍전등화(風前燈火): 바람 앞의 등불이라는 뜻으로, 사물이 매우 위태로운 처지에 놓여 있음을 비유적으로 이르는 말. (   )

독해로
어휘 마무리

오늘의
나의 실력은?
최고야   좋았어   힘내자

2주 3일
정답 확인

[8~9] 다음 기행문을 읽고, 물음에 답하세요.

주말에 엄마와 함께 문경 새재 도립 공원을 **방문했다.** 엄마께서 문경 새재는 한양으로 가는 주요 통행로로, 옛날에 선비들이 과거를 보러 갈 때 넘었던 고개라고 하셨다.

문경 새재에는 1관문부터 3관문까지 6.5킬로미터의 산책로가 있었다. 우리는 문경 새재를 넘었던 옛 선비들의 삶을 체험해 보기 위해 2관문까지 걷기로 했다. 가장 먼저 1관문에 도착했다. 근엄하게 서 있는 성문 뒤로 단풍이 어우러져 있었다. 1관문을 지나 관리들이 묵었던 숙소, 선비들이 묵었던 주막 터를 보았다. 문경 새재가 중요한 교통로였음을 실감할 수 있었다. 시원하게 쏟아지는 조곡 폭포, 교귀정 옆에 서 있던 **기이한** 모습의 소나무도 인상적이었다. 한 시간쯤 걸으니 2관문이 나왔다. **풍광**이 아름다워 3관문까지 가고 싶었지만 시간이 많지 않아 발걸음을 돌렸다.

짧은 시간 동안 문경 새재 산책로를 걸으면서 과거로 여행을 온 것 같았다. 또한 과거에 합격하기를 바라던 선비들의 꿈이 담긴 길이 아니었을까 하는 생각도 했다.

◆ **근엄하게:** 점잖고 엄숙하게.

8 이 글에 쓰인 낱말 중 '경치'와 뜻이 비슷한 낱말은 무엇인가요? (   )

① 인상   ② 체험
③ 풍광   ④ 발걸음
⑤ 통행로

9 글쓴이가 문경 새재 도립 공원에서 본 것이 <u>아닌</u> 것은 무엇인가요? (   )

① 관리들이 묵었던 숙소
② 기이한 모습의 소나무
③ 선비들이 묵었던 주막 터
④ 시원하게 쏟아지는 조곡 폭포
⑤ 그림처럼 펼쳐져 있는 푸른 바다

비문학 작품 읽기와 관련된 말 ④

✏️ 다음 낱말의 뜻을 보고, 말풍선에서 알맞은 낱말을 찾아 ○표 하세요.

1 간결(簡 대쪽 간, 潔 깨끗할 결)**하다**

: 간단하면서도 짜임새가 있다.
예 이 글은 간결해서 쉽게 읽힌다.

2 기사(記 기록할 기, 事 일 사)

: 신문이나 잡지 등에서, 어떠한 사실을 알리는 글.
예 아버지께서는 매일 신문 기사를 읽고 중요한 일을 내게 말씀해 주신다.

3 명확(明 밝을 명, 確 굳을 확)**하다**

: 명백하고 확실하다. 비슷한말 명백하다, 분명하다
예 인터넷에 글을 쓸 때에는 명확한 진실만을 써야 한다.

4 신속(迅 빠를 신, 速 빠를 속)**하다**

: 매우 날쌔고 빠르다. 비슷한말 빠르다, 조속하다
예 기자는 새롭게 알게 된 일을 신속하게 기사로 작성했다.

5 여론(輿 수레 여, 論 논의할 론)

: 한 사회의 사람들이 공통적으로 가지고 있는 의견. 비슷한말 공론
예 환경을 보호해야 한다는 여론이 형성되고 있다.

6 취재(取 취할 취, 材 재목 재)**하다**

: 신문이나 잡지의 기사나 작품의 재료를 조사하여 얻다.
예 기자는 최근에 일어난 사건을 취재하러 갔다.

7 특종(特 특별할 특, 種 씨 종)

:「1」특별한 종류.
「2」어떤 특정한 신문사나 잡지사에서만 단독으로 실은 중요한 기사.
예 한 신문사에서 1월 1일에 특종을 보도했다.

8 호응(呼 부를 호, 應 응할 응)

: 앞에 어떤 말이 오면 거기에 응하는 말이 따라옴. 또는 그런 일.
예 문장을 쓸 때에는 호응에 주의해야 한다.

(1) 자연재해에 미리 대비하자는 (여론, 특종)이 형성되고 있어.

잦아지는 자연재해를 보면서 나도 그렇게 생각했어.

진도 3.5의 지진 발생

(2) 기사문을 쓸 때 가장 주의하시는 점은 무엇인가요?

(명확한, 신속한) 진실만을 기사로 쓰려고 해요.

1 다음 낱말의 뜻으로 알맞은 것을 보기 에서 찾아 기호를 쓰세요.

어휘
확인

보기
ㄱ 명백하고 확실하다.
ㄴ 매우 날쌔고 빠르다.
ㄷ 신문이나 잡지 등에서, 어떠한 사실을 알리는 글.
ㄹ 어떤 특정한 신문사나 잡지사에서만 단독으로 실은 중요한 기사.

(1) 기사 ……… (   )   (2) 특종 ……… (   )
(3) 명확하다 … (   )   (4) 신속하다 … (   )

2 다음 밑줄 친 낱말의 뜻에 알맞은 낱말을 찾아 ○표 하세요.

어휘
확인

(1)   텔레비전과 같은 매체는 <u>여론</u>을 형성하는 데 많은 영향을 미친다.

➡ 한 사회의 사람들이 공통적으로 가지고 있는 (의견, 의무).

(2)   여러 방송국에서 미국 대통령이 우리나라를 방문한 내용을 <u>취재했다</u>.

➡ 신문이나 잡지의 기사나 작품의 재료를 (조사하여, 조작하여) 얻었다.

3 다음 문장에 어울리는 낱말을 보기 에서 찾아 빈칸에 쓰세요.

어휘
적용

보기
특종, 호응, 간결하게, 신속하게

(1) 심장이 멈추었을 때에는 (   ) 응급조치를 해야 한다.
(2) 문장에서 '마치'는 '-처럼', '듯' 등의 표현과 (   )을/를 이룬다.

4 다음 중 밑줄 친 낱말을 <u>잘못</u> 사용한 친구의 이름을 쓰세요.

어휘
적용

현진: 서아는 말할 때 발음이 <u>명확해서</u> 알아듣기가 힘들어.
민재: 문장을 짧고 <u>간결하게</u> 써야 읽는 사람이 잘 이해할 수 있어.
연아: 기자인 아빠는 월드컵 경기를 <u>취재하러</u> 카타르에 다녀오셨어.

(   )

5 다음 낱말과 뜻이 비슷한 낱말을 [보기]에서 찾아 기호를 쓰세요.

어휘
확장

[보기]
ㄱ 느리다   ㄴ 빠르다
ㄷ 명랑하다   ㄹ 분명하다

(1) 신속하다 ━ (   )   (2) 명확하다 ━ (   )

6 밑줄 친 낱말 '특종'이 다음 뜻으로 쓰인 문장을 [보기]에서 찾아 기호를 쓰세요.

어휘
확장

[보기]
ㄱ 이 꽃은 <u>특종</u>의 향기를 가지고 있다.
ㄴ 한 연예인의 결혼 소식을 <u>특종</u>으로 다루었다.

(1) 특별한 종류.   (   )
(2) 어떤 특정한 신문사나 잡지사에서만 단독으로 실은 중요한 기사.   (   )

관용 표현
7 다음 글의 빈칸에 들어갈 속담으로 알맞은 것을 찾아 ○표 하세요.

　　지난달, 한 온라인 쇼핑몰 회원들의 개인 정보가 유출되는 사고가 일어났다. 해당 회사는 관련 기관에 사실을 신고하고 피해자들에게 개별적으로 연락을 했지만, 아직까지도 확실한 재발 방지 대책을 마련하지 못하고 있다. 이에 따라 눈앞에 벌어진 문제만 덮으려는 [　　　　　　] 식이 아닌 실질적인 대책이 마련되어야 한다는 **여론**이 일고 있다.

◆ **재발:** 다시 발생함. 또는 다시 일어남.

(1) 눈 가리고 아웅: 얕은수로 남을 속이려 한다는 말.   (   )

(2) 돌다리도 두들겨 보고 건너라: 잘 아는 일이라도 세심하게 주의를 하라는 말.   (   )

(3) 눈에 콩깍지가 씌었다: 앞이 가리어 사물을 정확하게 보지 못함을 이르는 말.   (   )

독해로
어휘 마무리

오늘의
나의 실력은?
최고야 좋았어 힘내자

2주 4일
정답 확인

[8~9] 다음 기사문을 읽고, 물음에 답하세요.

'콜럼버스 데이'인가 '원주민의 날'인가
미국 전역에서 논란 가속화

미국의 10월 두 번째 월요일은 '콜럼버스 데이'이다. '콜럼버스 데이'는 이탈리아의 탐험가 콜럼버스가 1492년 10월에 아메리카 대륙에 도착한 것을 기념하기 위해 1971년부터 지정된 연방 공휴일이다. 그런데 이 '콜럼버스 데이'에 대한 논란이 계속되고 있다.

어제자 한 외신 **기사**에 따르면 '콜럼버스 데이'를 기념하는 것에 대한 반대 ㉠**여론**이 끊이지 않고 있다. 미국 원주민들에게 콜럼버스는 신대륙을 발견한 사람이 아닌 원주민이 살던 땅을 침략한 사람이기 때문이다. 이러한 평가를 뒷받침하듯 미국 전역에서 콜럼버스의 동상을 철거하거나 훼손하는 일이 잇따르고 있다. 이에 따라 일부 도시에서는 '콜럼버스 데이'의 명칭을 '원주민의 날'로 바꾸었고, 2021년에 미국 대통령도 이날을 '원주민의 날'로도 동시에 기념하겠다고 공식 선포했다. 하지만 이탈리아계 미국인들은 이러한 명칭 변경에 반기를 들었고, **명확하게** 명칭이 정리되지 못한 채 논란이 끊이지 않고 있다.

✦ **가속화:** 속도를 더하게 됨. 또는 그렇게 함.

✦ **선포했다:** 세상에 널리 알렸다.

✦ **반기:** 반대의 뜻을 나타내는 행동이나 표시.

8 ㉠'여론'과 뜻이 비슷한 낱말은 무엇인가요? (   )

① 결론   ② 공론

③ 본론   ④ 언론

⑤ 토론

9 이 기사문에서 전하고 있는 중요한 사실은 무엇인가요? (   )

① '콜럼버스 데이'를 기억해야 한다.

② 이탈리아에는 '콜럼버스 데이'가 있다.

③ '콜럼버스 데이'를 공휴일로 지정해야 한다.

④ '콜럼버스 데이'에 대한 논란이 계속되고 있다.

⑤ 미국의 모든 도시에서 '콜럼버스 데이'의 명칭을 '원주민의 날'로 바꾸었다.

비문학 작품 읽기와 관련된 말

✏️ 다음 뜻풀이를 보고, 십자말풀이를 완성하세요.

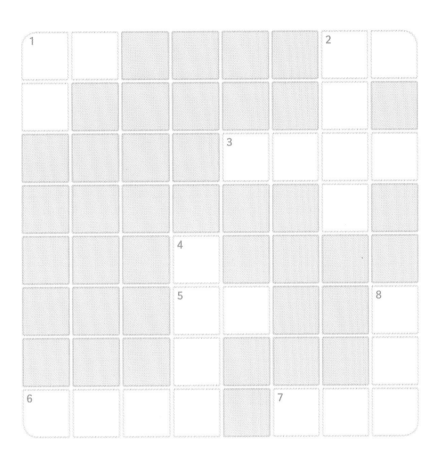

➡️ 가로

1 한 사회의 사람들이 공통적으로 가지고 있는 의견.

2 둘 이상의 것을 함께 놓고 어떤 점이 같고 다른지 살펴봄.

3 매우 날쌔고 빠르다.

5 정당하고 도리에 맞는 원리. 또는 근본이 되는 목적이나 중요한 뜻.

6 어떤 대상을 있는 그대로 자세하게 말이나 글로 표현하거나 그림으로 그리다.

7 어떤 주제에 관하여 자기의 생각이나 주장을 논리적으로 밝혀 쓴 글.

⬇️ 세로

1 여행의 과정이나 일정.

2 무엇에 대해 자세히 따져 옳고 그름을 밝히거나 잘못된 점을 지적하다.

4 기묘하고 이상하다.

8 읽는 이에게 어떤 사실이나 지식, 정보 등을 전달하고 이해시키기 위하여 객관적이고 논리적으로 쓴 글.

[1~2] 다음 밑줄 친 낱말의 뜻으로 알맞은 것을 찾아 ○표 하세요.

1

글쓴이의 <u>관점</u>을 파악하면서 글을 읽으면 글을 쓴 의도나 목적을 알 수 있고 글을 더 깊이 있게 이해할 수 있습니다.

(1) 한 사회의 사람들이 공통적으로 가지고 있는 의견. ( )

(2) 사물이나 현상을 보고 생각하는 개인의 입장 또는 태도. ( )

2

사람이 먹는 음식물을 식품이라고 한다. 식품은 그 특성에 따라 여러 가지 방법으로 <u>분류</u>가 가능하다. 식물성 식품과 동물성 식품으로 나눌 수도 있고, 가공 여부에 따라 천연 식품과 가공 식품으로 나눌 수도 있다.

(1) 여럿을 종류에 따라서 나눔. ( )

(2) 여러 가지 예나 사실을 낱낱이 죽 늘어놓음. ( )

[3~4] 다음 밑줄 친 낱말과 뜻이 비슷한 낱말을 찾아 √표 하세요.

3

백화점에 가면 에스컬레이터가 건물의 한가운데에 있는 것을 볼 수 있다. 고객들이 에스컬레이터를 타러 가면서 자신도 모르게 물건을 구경하게 되고, 그중에 마음에 드는 것이 있으면 구매하게 하려는 <u>의도</u>가 숨어 있는 것이다.

① 뜻   ② 시도   ③ 용도

④ 의무   ⑤ 의욕

4

'비자'는 외국인의 타국 출입을 허가하는 증명서로, 우리가 다른 나라에 가거나 다른 나라 사람이 우리나라를 <u>방문할</u> 때 꼭 필요합니다. 그런데 최근에는 나라 간의 약속을 통해 비자 없이 서로의 나라로 입국할 수 있도록 해서 방문객들의 편의를 도모하기도 합니다.

① 칠   ② 구할   ③ 지킬

④ 찾을   ⑤ 지나갈

[5~6] 다음 글의 ⬭에 들어갈 낱말을 찾아 ✓표 하세요.

5

나트륨은 우리 몸속의 수분량을 조절하는 영양소입니다. 그런데 나트륨을 많이 섭취하면 심장 질환이나 고혈압과 같은 질병에 걸릴 수 있습니다. 그래서 우리나라에서는 라면이나 즉석 햄버거와 같은 제조·가공식품의 나트륨 함량이 유사한 다른 제품에 비해 어느 정도인지 표시하는 '나트륨 함량 ⬭ 표시제'를 실시하고 있습니다.

① 분류　　　　　　② 비교　　　　　　③ 비판
④ 열거　　　　　　⑤ 예시

6

강원도 동해시에는 모양이 촛대처럼 ⬭ 생겨 촛대 바위라고 불리는 기암괴석이 있다. 해돋이 명소로도 유명한 촛대 바위는 애국가 첫 소절의 배경 화면으로도 자주 나오는 곳이다.

✦**기암괴석:** 모양이 독특하고 이상한 바위와 돌.

① 다르게　　　　　② 간단하게　　　　③ 기대하게
④ 기이하게　　　　⑤ 평이하게

[7~8] 다음 글의 밑줄 친 낱말을 넣어 문장을 만들어 쓰세요.

의궤는 조선 왕실의 중요한 행사와 건축 등의 과정이나 내용을 글과 그림으로 자세하게 기록한 것을 말한다. 조선의 의궤는 사람의 옷 색깔이나 모양, 마차의 모습 등을 아주 자세하게 <u>묘사하였다.</u> 그중에서 왕실의 혼례식 절차를 기록한 『가례도감의궤』는 참가 인원, 혼례 과정, 결혼식에 사용된 물품과 음식 등에 대한 다양한 <u>정보</u>를 담고 있다.

7　　묘사하다 ： 어떤 대상을 있는 그대로 자세하게 말이나 글로 표현하거나 그림으로 그리다.

_____

8　　정보 ： 어떤 사실이나 현상을 관찰하거나 측정하여 모은 자료를 정리한 지식. 또는 그 자료.

_____

 한 걸음 더!

오늘의
나의 실력은?
최고야 좋았어 힘내자

2주 5일
정답 확인

○ '說'(설)이 들어간 낱말은 '말'과 관련 있어요. '說'(설)이 들어간 낱말을 알아보아요.

연설
여러 사람 앞에서 자기의 생각이나
주장을 말함.

설득
상대편이 이쪽 편의 이야기를 따르도록
여러 가지로 깨우쳐 말함.

說
말씀 설

역설
자신의 생각을 힘주어 말함.
또는 그런 말.

발설
숨겨야 할 사실을
남에게 말함.

 Q 다음 문장에 알맞은 낱말을 찾아 ○표 하세요.

(1) 아무에게도 비밀 (발설, 연설)을 하지 말라고 부탁했다.

(2) 친구에게 (설득, 역설)을 당해 모둠 대표로 발표를 하게 되었다.

(3) 그의 (전설, 연설)이 끝나자 사람들은 모두 자리에서 일어나 박수를 쳤다.

매체 자료와 관련된 말 ❶

✏️ 다음 낱말이 사용된 상황을 보고, 뜻에 맞는 낱말을 써넣어 사전을 완성하세요.

도서관에서는 여러 서적들을 동시에 볼 수 있어.

엄마는 이 책의 이 문구를 정말 좋아한단다.

와, 이야기책뿐만 아니라 시집, 잡지 등 정말 다양한 책이 있어요.

최근에 출간한 책들을 추천해 주는 게시판도 마음에 들어요.

이달의 신간

이 도서관에서는 옛 활자로 찍어 낸 인쇄물들도 전시하고 있단다. 보러 가자꾸나.

앗, 이 전단은 뭐지?

하하....... 피자 전단만 회람하지 말고 이 전시 안내문도 좀 보는 게 어때?

어휘 사전

❶ 「ㅁ ㄱ」 (文 글월 문, 句 구절 구)
: 특정한 뜻을 나타내는, 몇 낱말로 된 말.
비슷한말 글귀, 구절 모양이 같은 말 문구: 학용품과 사무용품 등을 통틀어 이르는 말.

❷ 「ㅅ ㅈ」 (書 글 서, 籍 서적 적)
: 글이나 그림 등을 인쇄하여 묶어 놓은 것.
비슷한말 책, 서책, 도서, 책자

❸ 「ㅇ ㅅ ㅁ」 (印 도장 인, 刷 인쇄할 쇄, 物 물건 물): 신문이나 책, 광고지 등과 같이 인쇄된 물건.

❹ 「ㅈ ㅈ」 (雜 섞일 잡, 誌 기록할 지)
: 여러 가지 내용의 기사와 사진, 광고 등을 모아 정기적으로 펴내는 책.

❺ 「ㅈ ㄷ」 (傳 전할 전, 單 홑 단)
: 광고나 홍보하는 내용의 글을 쓰거나 인쇄한 종이쪽지. 비슷한말 광고지

❻ 「ㅊ ㄱ」 (出 날 출, 刊 책 펴낼 간)하다
: 글, 그림, 악보 등을 책으로 만들어 세상에 내놓다. 비슷한말 출판하다, 간행하다, 발간하다, 발행하다, 펴내다

❼ 「ㅎ ㅈ」 (活 살 활, 字 글자 자): 인쇄를 하기 위해 네모난 기둥 모양의 금속 윗면에 문자나 기호를 볼록 튀어나오게 새긴 것.

❽ 「ㅎ ㄹ」 (回 돌아올 회, 覽 볼 람)하다
: 글 등을 여러 사람이 차례로 돌려보다.
비슷한말 회간하다, 돌려보다

1 다음 낱말의 뜻을 보기에서 찾아 기호를 쓰세요.

어휘
확인

보기

㉠ 특정한 뜻을 나타내는, 몇 낱말로 된 말.
㉡ 글이나 그림 등을 인쇄하여 묶어 놓은 것.
㉢ 신문이나 책, 광고지 등과 같이 인쇄된 물건.
㉣ 광고나 홍보하는 내용의 글을 쓰거나 인쇄한 종이쪽지.

(1) 문구 ······ (   )   (2) 서적 ······ (   )

(3) 전단 ······ (   )   (4) 인쇄물 ··· (   )

2 다음 낱말의 뜻에 알맞은 낱말을 찾아 ○표 하세요.

어휘
확인

(1) 회람하다   글 등을 여러 사람이 차례로 (외우다, 돌려보다).

(2) 출간하다   글, 그림, 악보 등을 (책, 영상)으로 만들어 세상에 내놓다.

3 다음 문장에 어울리는 낱말을 보기에서 찾아 빈칸에 쓰세요.

어휘
적용

보기

문구, 잡지, 활자

(1) 나는 매달 용돈을 받으면 과학 (   )를 사러 서점에 간다.

(2) 책을 읽다가 마음에 드는 (   )를 발견하면 밑줄을 긋고 외운다.

(3) 옛날에는 찰흙과 나무로 된 (   )로 각종 서적과 불경을 찍어 냈다.

4 다음 중 밑줄 친 낱말을 잘못 사용한 친구의 이름을 쓰세요.

어휘
적용

의준: 우리 마을의 인쇄물로는 사과와 고추가 유명해.
설아: 새로 바뀐 규칙을 정리해서 모두 함께 회람했어.
채운: 삼촌이 하는 식당을 알리기 위해 전단을 만들어서 돌렸어.

(   )

5 밑줄 친 낱말 '문구'가 다음 뜻으로 쓰인 문장을 **보기**에서 찾아 기호를 쓰세요.

보기

ㄱ 텔레비전에서 본 광고 <u>문구</u>가 계속 머릿속을 맴돈다.

ㄴ 초등학교에 입학하는 동생에게 <u>문구</u> 꾸러미를 선물하였다.

(1) 특정한 뜻을 나타내는, 몇 낱말로 된 말.　　　　　　　　(　　　　　　)

(2) 학용품과 사무용품 등을 통틀어 이르는 말.　　　　　　　(　　　　　　)

6 다음 대화에서 밑줄 친 낱말과 뜻이 비슷한 낱말이 <u>아닌</u> 것은 무엇인가요? (　　　　)

예서: 엄마, ○○ 출판사에서 △△△ 시인의 유고 시집을 <u>출간한다고</u> 하는데, 유고가 무슨 말이에요?

엄마: '유고'는 죽은 사람이 살아 있을 때 써서 남긴 원고를 말해. 그나저나 엄마가 좋아하는 시인이었는데 책이 나오면 꼭 사서 읽어 봐야겠구나.

① 간행한다고　　　　　② 발간한다고　　　　　③ 발행한다고

④ 출마한다고　　　　　⑤ 출판한다고

7 다음 글에서 밑줄 친 관용어의 뜻으로 알맞은 것에 ○표 하세요.

민족 대표 33인은 3·1 운동 때 우리 민족의 대표로서 독립 선언서에 서명한 인물들이다. 그들은 <u>입을 모아</u> 독립 선언 계획을 함께하겠다고 한 뒤, 몇 차례 모임을 가지며 독립 선언식을 준비했다.

1919년 3월 1일 오후 2시, 인사동 태화관에 모인 민족 대표들은 독립 선언서를 **회람하고** 독립 만세를 외친 뒤 일본 경찰에 체포되었다.

(1) 여러 사람이 같은 의견을 말해.　　　　　　　　　　　　　(　　　)

(2) 어떤 일이나 말 등이 못마땅하여 기분이 언짢아.　　　　　(　　　)

(3) 너무 기가 막혀 어이가 없어 하거나 매우 놀라워해.　　　　(　　　)

독해로
어휘 마무리

오늘의
나의 실력은?

최고야 좋았어 힘내자

3주 1일
정답 확인

[8~9] 다음 글을 읽고, 물음에 답하세요.

『직지』는 현존하는 세계에서 가장 오래된 금속 **활자 인쇄물**이다. 원래 이름은 『백운화상초록불조직지심체요절』인데 줄여서 『직지심체요절』 또는 『직지』라고 부른다.

『직지』는 고려 시대의 승려인 백운 화상이 쓴 불교 ㉠**서적**으로, 1377년에 청주 흥덕사에서 인쇄되었다. 불교의 가르침을 깨닫는 데 필요한 내용이 담겨 있고, 상하 2권으로 되어 있다. 2001년에는 그 가치를 인정받아 유네스코 세계 기록 유산에 등재되었다.

『직지』는 우리의 자랑스러운 문화유산이지만 현재 우리나라에 없다. 조선 고종 때 프랑스인이 가져간 뒤 골동품 수집가에게 넘어갔고, 이후 프랑스 국립 도서관으로 옮겨져 지금까지 그곳에 소장되어 있다. 현재 하권만 남아 있는데 하권의 39장 중 첫째 장은 없고 2장부터 39장까지 총 38장만 남아 있다.

국내에서는 『직지』를 되찾아 오기 위한 노력이 꾸준히 이루어지고 있지만 프랑스는 『직지』가 약탈이나 도난 문화재가 아니라는 이유로 반환 요청을 거부하고 있다.

◆ **소장되어:** 자기의 것으로 소유되어 간직되어.

◆ **약탈:** 폭력을 써서 남의 것을 억지로 빼앗음.

8 ㉠'서적'과 뜻이 비슷한 낱말이 <u>아닌</u> 것은 무엇인가요? (   )

① 책   ② 도서   ③ 서류

④ 서책   ⑤ 책자

9 『직지』에 대한 설명으로 알맞지 <u>않은</u> 것은 무엇인가요? (   )

① 고려 시대의 불교 서적이다.

② 상하 2권 중 하권의 39장만 남아 있다.

③ 2001년에 유네스코 세계 기록 유산에 등재되었다.

④ 세계에서 가장 오래된 금속 활자본으로 1377년에 인쇄되었다.

⑤ 프랑스 국립 도서관에 보관된 뒤 우리나라로 돌아오지 못하고 있다.

매체 자료와 관련된 말 ②

✏️ 다음 낱말의 뜻을 보고, 밑줄 친 낱말을 알맞게 사용하였으면 ○표, 잘못 사용하였으면 ✕표 하세요.

녹음(錄 기록할 녹, 音 소리 음)하다
테이프나 영화 필름 등에 소리를 기록하다.
예 국어 숙제로 여러 지역의 방언을 <u>녹음</u>했다.

녹화(錄 기록할 녹, 畵 그림 화)하다
실제 모습이나 동작을 나중에 다시 보기 위해서 기계 장치에 그대로 옮겨 두다.
예 율동 연습 장면을 <u>녹화</u>했다.

발표(發 필 발, 表 겉 표)하다
어떤 사실이나 결과, 작품 등을 세상에 드러내어 널리 알리다.
예 내가 좋아하는 작가가 새로운 소설을 <u>발표</u>했다.

방영(放 놓을 방, 映 비출 영)하다
텔레비전으로 방송을 내보내다.
비슷한말 방송하다
예 텔레비전에서 만화 영화를 <u>방영</u>하고 있다.

시청(視 볼 시, 聽 들을 청)하다
(텔레비전 방송을) 눈으로 보고 귀로 듣다.
예 아버지께서 뉴스를 <u>시청</u>하고 계신다.

음향(音 소리 음, 響 소리 울릴 향)
물체에서 나는 소리와 그 울림.
예 새로 생긴 영화관은 <u>음향</u> 시설이 잘되어 있다.

자막(字 글자 자, 幕 막 막)
영화나 텔레비전 등에서, 관객이나 시청자가 읽을 수 있도록 화면에 보여 주는 글자.
예 외국 영화를 <u>자막</u>과 함께 보았다.

안녕하세요.

효과(效 본받을 효, 果 열매 과)
영화나 연극 등에서 소리나 빛, 컴퓨터 그래픽 등을 이용하여 그 장면에 어울리는 분위기를 만드는 일.
예 이 영화는 특수 <u>효과</u>가 뛰어나기로 유명하다.

동생이 그린 그림을 <u>녹음</u>했어.

윤정 [　　]

라디오에서 노래를 <u>방영</u>하고 있어.

지혁 [　　]

어머니께서 드라마를 <u>시청</u>하고 계셔.

정아 [　　]

1 다음 낱말의 뜻으로 알맞은 것을 찾아 ○표 하세요.

어휘
확인

(1) 방영하다
- ㉠ 모아 둔 것을 널리 공급하다.　　　(　　)
- ㉡ 텔레비전으로 방송을 내보내다.　　　(　　)

(2) 시청하다
- ㉠ 단속하기 위하여 주의 깊게 살피다.　　　(　　)
- ㉡ (텔레비전 방송을) 눈으로 보고 귀로 듣다.　　　(　　)

2 다음 낱말의 뜻풀이에 들어갈 알맞은 낱말을 보기에서 찾아 쓰세요.

어휘
확인

보기

글자, 소리, 분위기

(1) 녹음하다: 테이프나 영화 필름 등에 (　　　　　　)를 기록하다.

(2) 자막: 영화나 텔레비전 등에서, 관객이나 시청자가 읽을 수 있도록 화면에 보여 주는
　　(　　　　　　).

(3) 효과: 영화나 연극 등에서 소리나 빛, 컴퓨터 그래픽 등을 이용하여 그 장면에 어울리는
　　(　　　　　　)를 만드는 일.

3 다음 문장에 어울리는 낱말을 찾아 ○표 하세요.

어휘
적용

(1) 회의 시간에 의견을 (발사하기, 발표하기) 위해 손을 들었다.

(2) 부모님은 우리가 노는 모습을 (녹음해서, 녹화해서) 자주 함께 보신다.

(3) 영화를 실감 나게 잘 만들기 위해서는 특수 (효과, 효능)이/가 필요하다.

4 다음 중 빈칸에 '음향'이 들어가기에 알맞지 <u>않은</u> 문장을 찾아 기호를 쓰세요.

어휘
적용

㉠ 아버지는 차가운 (　　　　)으로 말씀하셨다.
㉡ (　　　　) 장치 옆에 서 있으면 너무 시끄럽다.
㉢ 음악 영화와 공포 영화에서는 (　　　　)이 특히 중요하다.

(　　　　　　)

5 다음 밑줄 친 표현과 바꾸어 쓸 수 있는 낱말을 보기에서 찾아 쓰세요.

어휘
적용

보기

녹음했다, 발표했다, 시청했다

(1) 미국에 계신 아빠와 휴대 전화로 통화할 때 소리를 기록했다.

(   )

(2) 정부는 바이러스 확산 방지 대책을 세상에 드러내어 널리 알렸다.

(   )

(3) 지난 주말에는 텔레비전에서 하는 야구 경기를 눈으로 보고 귀로 들었다.

(   )

6 다음 대화의 빈칸에 들어갈 알맞은 낱말은 무엇인가요? (   )

어휘
확장

> 만화 「미래 탐험대」
> 6월 7일 토요일
> 저녁 7시 방영 예정

윤재: 만화 「미래 탐험대」가 7일 토요일 저녁 7시에
(   )한대!
희선: 우아, 재미있겠다!

① 방류   ② 방목   ③ 방송
④ 방심   ⑤ 방출

관용 표현
7 다음 글의 빈칸에 들어갈 속담으로 알맞은 것을 찾아 ○표 하세요.

    극장에서 영화를 볼 때 [   ](이)라고, 관람할 영화를 고려해 더 좋은 자리를 찾아 예매해 보자. 우선, **자막**이 없는 한국 영화는 화면을 전체적으로 고르게 볼 수 있고 **음향**이 일정한 가운데 자리가 좋다. 외국 영화는 영상과 자막을 동시에 봐야 하기 때문에 중앙에서 좌우로 4칸 정도 떨어진 가장자리가 좋다. 음악 영화는 음향이 중요하기 때문에 뒤쪽 정중앙 자리가 좋다.

(1) 고양이 목에 방울 달기: 실행하기 어려운 것을 공연히 의논함을 이르는 말.   (   )
(2) 마른하늘에 날벼락: 뜻하지 아니한 상황에서 뜻밖에 입는 재난을 이르는 말.   (   )
(3) 같은 값이면 다홍치마: 값이 같거나 같은 노력을 한다면 품질이 좋은 것을 택한다는 말.

(   )

독해로
어휘 마무리

오늘의
나의 실력은?

최고야   좋았어   힘내자

3주 2일
정답 확인

[8~9] 다음 영화 감상문을 읽고, 물음에 답하세요.

주말에 가족과 함께 텔레비전에서 **방영해** 주는 「코코」를 **시청했다.** 예전에 극장에서 ㉠**자막**이 있는 ㉡**영화**를 본 적이 있는데 이번에는 더빙이라 좀 더 몰입해서 볼 수 있었다.

「코코」는 멕시코 시골에 사는 12살 소년이 죽은 자들의 세상에 들어가면서 유령이 된 가족들을 만나 운명을 변화시킨다는 내용의 만화 영화이다. 멕시코 고유의 명절인 '망자의 날'에서 영감을 받아 만들어졌다고 한다. '망자의 날'은 살아 있는 사람들이 함께 모여 죽은 이를 추모하며 죽은 이에 대한 기억과 슬픔을 함께하는 날이다.

영화에는 죽은 사람이 사라지지 않고 사후 세계에서 살아가려면 살아 있는 사람들에게 기억되어야 한다는 내용이 나온다. 진짜 죽음은 사람들에게 잊히는 것이다. 그래서 가족 간의 화합과 사랑은 매우 중요하다. 영화는 자칫 무거워질 수 있는 소재를 다루고 있지만 흥겨운 음악을 더한 ㉢**음향** 효과를 통해 밝고 긍정적인 기운을 준다.

따뜻하고 밝은 가족 영화를 좋아하는 사람들에게 추천해 주고 싶은 영화이다.

◆ **더빙:** 외국어로 된 영화의 대사를 해당 언어로 바꾸어 다시 녹음하는 일.
◆ **망자:** 죽은 사람.
◆ **영감:** 창조적인 활동과 관련한 기발하고 좋은 생각.
◆ **사후:** 죽은 뒤.

8 ㉠~㉢ 중 다음 문장의 빈칸에 들어갈 알맞은 낱말을 찾아 기호를 쓰세요.

청각 장애인들을 위해 텔레비전 방송의 모든 장면에 (   )을/를 넣어야 한다고 생각한다.

(   )

9 글쓴이가 영화 「코코」를 보고 생각하거나 느낀 점으로 알맞은 것은 무엇인가요? (   )

① 더빙이 된 영화라서 몰입하기 힘들었다.
② 무거운 소재를 다루었지만 밝고 긍정적인 기운을 준다.
③ 사람들에게 잊히는 것이 얼마나 행복한 것인지 깨달았다.
④ 가족 간의 화합과 사랑보다 중요한 것은 자신의 행복이다.
⑤ 오랜만에 가족 이야기를 보며 눈물을 흘리고 싶은 사람들에게 추천하고 싶다.

매체 자료와 관련된 말 ❸

✏️ 다음 낱말의 뜻을 보고, 초성에 알맞은 말을 써서 대화를 완성하세요.

우리 반 누리집에 친구들에게 제안하는 글을 써서 ⃞ㄱ ⃞ㅅ 하려고 해.
내 글에 친구들의 댓글을 ⃞ㅇ ⃞ㄷ 하려면 어떻게 하면 좋을까?

친구들의 학교생활과 관련된 일이라는 점을 강조해서 친구들이
직접 ⃞ㄱ ⃞ㅇ 할 필요성을 느끼게 하면 좋을 것 같아.

좋은 생각이야! 친구들끼리 떨어져 있어도 인터넷을 통해 ⃞ㅇ ⃞ㄱ 으로 공간적
⃞ㅈ ⃞ㅇ 없이 서로의 의견을 ⃞ㄱ ⃞ㅇ 할 수 있다니 정말 좋은 것 같아.

맞아. ⃞ㅂ ⃞ㄷ 한 양의 의견들을 한꺼번에 볼 수 있는 것은 장점이지.
하지만 ⃞ㅇ ⃞ㅁ 으로 게시글을 쓰거나 댓글을 달 때에 서로에 대한
예의를 지키는 것이 중요해.

오늘의 어휘

● **게시**(揭 들 게, 示 보일 시)**하다**: 여러 사람이 보거나 알 수 있도록 내걸어 두루 보게 하다.

　　비슷한말 올리다

● **공유**(共 함께 공, 有 있을 유)**하다**: 두 사람 이상이 어떤 것을 함께 가지고 있다.

　　반대말 독차지하다, 독점하다

● **관여**(關 빗장 관, 與 더불 여)**하다**: 어떤 일에 관계하여 참여하다.　비슷한말 관계하다

● **방대**(厖 두터울 방, 大 큰 대)**하다**: 규모나 양이 매우 크거나 많다.　비슷한말 광대하다

● **원격**(遠 멀 원, 隔 막을 격): 멀리 떨어져 있음.

● **유도**(誘 꾈 유, 導 이끌 도)**하다**: 사람이나 물건을 원하는 방향이나 장소로 이끌다.　비슷한말 유인하다

● **제약**(制 억제할 제, 約 맺을 약): 조건을 붙여 내용을 제한함. 또는 그 조건.　비슷한말 제한

● **익명**(匿 숨길 익, 名 이름 명): 이름을 숨김. 또는 숨긴 이름이나 그 대신 쓰는 이름.

1 다음 뜻에 알맞은 낱말을 보기 에서 찾아 쓰세요.

보기

원격, 익명, 제약

(1) 멀리 떨어져 있음. ( )

(2) 조건을 붙여 내용을 제한함. 또는 그 조건. ( )

(3) 이름을 숨김. 또는 숨긴 이름이나 그 대신 쓰는 이름. ( )

2 다음 밑줄 친 낱말의 뜻에 알맞은 낱말을 찾아 ○표 하세요.

(1)

상을 받은 기쁨을 가족과 <u>공유하고</u> 싶다.

➡ 두 사람 이상이 어떤 것을 (각자, 함께) 가지고 있고.

(2)

학생들의 참여를 <u>유도하기</u> 위해 상품을 내걸었다.

➡ 사람이나 물건을 (꺼리는, 원하는) 방향이나 장소로 이끌기.

3 다음 글의 ㉠, ㉡에 들어갈 낱말이 모두 알맞은 것은 무엇인가요? ( )

종혁이는 책상에 (㉠) 자료를 쌓아 두고 계속 한숨을 내쉬었다. 처음에는 내가 (㉡) 일이 아니라고 생각했지만 자꾸 마음이 쓰여 조금 도와주기로 했다.

	㉠	㉡		㉠	㉡		㉠	㉡
①	많은	무시할	②	광활한	간섭할	③	방대한	관여할
④	방대한	무시할	⑤	화려한	외면할			

4 다음 빈칸에 공통으로 들어갈 낱말로 알맞은 것에 ○표 하세요.

• 누리집 게시판에 공지 사항을 □□하였다.

• 합격자 명단은 현관 입구에 □□할 예정이다.

(게시, 방대, 유도)

5

어휘
확장

다음 글의 밑줄 친 낱말과 뜻이 반대인 낱말은 무엇인가요? (   )

> 돈을 주고 책을 구매하지 않고 불법으로 파일을 <u>공유하는</u> 일 때문에 출판사와 학원가가 극심한 몸살을 앓고 있다. 인터넷 카페나 SNS 등을 통해 책과 교재 등을 불법으로 내려받는 일이 빈번하게 발생해 막대한 피해를 입고 있기 때문이다.

① 끊는   ② 가르는   ③ 갖추는
④ 함께하는   ⑤ 독차지하는

6

어휘
확장

다음 중 뜻이 비슷한 낱말끼리 바르게 짝 지은 것은 무엇인가요? (   )

> ㉠ 제약 – 제한   ㉡ 방대하다 – 확대하다   ㉢ 관여하다 – 관계하다

① ㉠   ② ㉠, ㉡   ③ ㉠, ㉢
④ ㉡, ㉢   ⑤ ㉠, ㉡, ㉢

관용 표현

7

다음 밑줄 친 한자 성어를 사용할 수 있는 상황으로 알맞은 것에 ○표 하세요.

옛날 중국 송나라의 저공이라는 사람이 원숭이를 키우고 있었어요. 어느 날, 형편이 어려워진 저공이 원숭이들에게 먹이를 아침에 세 개, 저녁에 네 개씩 주겠다고 하자, 원숭이들은 너무 적다며 화를 냈어요. 저공이 다시 아침에 네 개, 저녁에 세 개씩 주겠다고 하자 원숭이들은 좋아했어요. 저공이 자신에게 유리한 쪽으로 **유도하기** 위해 생각해 낸 꾀라는 것을 원숭이들은 알아차리지 못한 것이지요. 여기에서 유래한 말이 '조삼모사'예요. 눈앞에 보이는 차이만 알고 결과가 같은 것을 모르는 어리석은 상황을 비유하는 말이지요.

(1) 홈 쇼핑에서 파는 물건을 보자 사고 싶은 마음이 생긴 상황.   (   )

(2) 친구들이 서로 싸우는데 말리지 않고 그냥 보고만 있는 상황.   (   )

(3) 무료로 배달해 준다고 해서 음식을 주문했는데 음식값이 더 비싸서 내는 돈은 같은 상황.

(   )

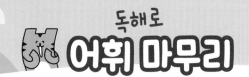

[8~9] 다음 주장하는 글을 읽고, 물음에 답하세요.

인터넷 실명제는 인터넷 이용자의 이름과 주민 등록 번호가 확인되어야만 인터넷에 글을 ㉠**게시할** 수 있는 제도이다. 우리나라는 과거에 일부 도입했다가 폐지되었다. 이후 인터넷 실명제를 다시 ㉡**도입할** 필요성이 있다는 의견이 꾸준히 나오고 있다. 그러나 인터넷 실명제를 다시 도입하면 안 된다고 생각한다.

인터넷 실명제는 표현의 자유를 ㉢**침해할** 뿐만 아니라 다양성과 창의성을 저해한다. **익명**으로 글을 게시하는 것이 아니기 때문에 자신의 사회적 지위나 직업, 가족 등을 고려하게 되면서 의견을 다양하고 자유롭게 표현하는 데 **제약**을 느끼게 된다.

또한 인터넷 실명제는 개인 정보 유출의 가능성을 높인다. 인터넷 실명제가 도입되면 인터넷 사이트는 이용자의 개인 정보를 요구하게 된다. 이렇게 수집된 개인 정보는 해킹으로 유출될 수 있다.

이렇듯 인터넷 실명제는 개인의 표현의 자유, 다양성과 창의성, 개인 정보 보호 등에 부정적인 영향을 ㉣**끼칠** 수 있다. 따라서 인터넷 실명제를 다시 도입하면 안 된다.

◆ **침해할:** 남의 땅이나 권리, 재산 등을 침범하여 해를 끼칠.
◆ **저해한다:** 막아서 못 하도록 해를 끼친다.
◆ **유출:** 귀한 물건이나 정보 등이 불법적으로 외부로 나가 버림. 또는 그것을 내보냄.

8 ㉠~㉣ 중 다음 밑줄 친 낱말과 뜻이 비슷한 낱말을 찾아 기호를 쓰세요.

나는 오늘 있었던 일 중에서 가장 기억에 남는 일을 글로 써서 내 개인 블로그에 <u>올릴</u> 것이다.

(   )

9 글쓴이가 인터넷 실명제 도입을 반대하는 까닭으로 알맞은 것을 모두 고르세요.

(,   ,   )

① 표현의 자유를 침해하기 때문이다.
② 다양성과 창의성을 저해하기 때문이다.
③ 개인 정보가 유출될 가능성이 높아지기 때문이다.
④ 사회적 지위나 직업을 고려하지 않고 글을 쓰게 되기 때문이다.
⑤ 글을 올리기 위해 개인 정보를 입력하느라 시간이 낭비되기 때문이다.

매체 자료와 관련된 말 ④

✏️ 다음 낱말의 뜻을 보고, 말풍선에서 알맞은 낱말을 찾아 ○표 하세요.

1 공식적(公 공변될 공, 式 법 식, 的 과녁 적)
: 국가적으로 규정되었거나 사회적으로 인정된 것. **반대말** 비공식적
예 그는 공식적으로 선거 출마를 선언했다.

2 과장(誇 자랑할 과, 張 베풀 장)**하다**
: 사실보다 지나치게 불려서 나타내다.
비슷한말 부풀리다
예 광고를 볼 때 과장하는 표현에 주의해야 한다.

3 비평적(批 비평할 비, 評 품평 평, 的 과녁 적)
: 사물의 옳고 그름, 아름다움과 추함 등을 분석하여 가치를 논하는 것.
비슷한말 비판적 **반대말** 맹목적
예 나영이는 매사에 비평적인 시각을 가지고 있다.

4 소견(所 바 소, 見 볼 견)
: 어떤 일이나 사물을 보고 느낀 생각이나 의견.
비슷한말 견해, 생각, 의견, 소감
예 전교 학생회장 후보들이 소견을 발표했다.

5 악용(惡 악할 악, 用 쓸 용)**하다**
: 알맞지 않게 쓰거나 나쁜 일에 쓰다.
예 범인은 얻은 정보를 악용해서 남의 돈을 빼앗았다.

6 인용(引 끌 인, 用 쓸 용)**하다**
: 남의 말이나 글을 자신의 말이나 글 속에 끌어쓰다. **비슷한말** 따오다, 끌어오다
예 남의 글을 인용할 때에는 출처를 밝혀야 해.

7 편중(偏 치우칠 편, 重 무거울 중)**되다**
: 한쪽으로 치우치게 되다.
비슷한말 치우치다, 편향되다
예 영양소가 편중되지 않게 음식을 골고루 먹어라.

8 허위(虛 빌 허, 僞 거짓 위)
: 진실이 아닌 것을 진실인 것처럼 꾸민 것.
비슷한말 거짓, 가짜
예 허위 정보를 사실인 양 말하면 안 된다.

(1) 이번 학급 회의 안건은 '교내 휴대 전화 사용을 금지해야 한다.'래.

그 안건에 대한 내 (소견, 허위)은/는 비판적이야.

(2) 유명한 위인의 말을 (인용, 악용)해서 발표를 시작하려고 해요.

그렇게 하면 듣는 친구들의 관심을 끌 수 있겠구나.

1 다음 낱말의 뜻을 보기 에서 찾아 기호를 쓰세요.

어휘
확인

보기

ㄱ 진실이 아닌 것을 진실인 것처럼 꾸민 것.

ㄴ 어떤 일이나 사물을 보고 느낀 생각이나 의견.

ㄷ 국가적으로 규정되었거나 사회적으로 인정된 것.

ㄹ 사물의 옳고 그름, 아름다움과 추함 등을 분석하여 가치를 논하는 것.

(1) 허위 …… (   )   (2) 소견 …… (   )

(3) 비평적 … (   )   (4) 공식적 … (   )

2 다음 낱말의 뜻에 알맞은 낱말을 찾아 ○표 하세요.

어휘
확인

(1) 편중되다   한쪽으로 치우치게 (되다, 되지 않다).

(2) 과장하다   사실보다 지나치게 (불려서, 줄여서) 나타내다.

3 다음 중 밑줄 친 낱말을 잘못 사용한 문장은 무엇인가요? (   )

어휘
적용

① 친구의 약점을 악용하면 안 된다.

② 유명한 사람의 말을 인용하여 글을 썼다.

③ 경기를 할 때 상대의 허위를 잘 파악해서 공격해야 한다.

④ 대부분의 문화 시설과 편의 시설은 대도시에 편중되어 있다.

⑤ 공식적인 행사에 참석할 때에는 특히 옷차림을 단정히 해야 한다.

4 다음 중 빈칸에 '소견'이 들어가기에 알맞은 문장을 찾아 기호를 쓰세요.

어휘
적용

ㄱ 남의 일에 쓸데없이 (   )을 하면 안 된다.

ㄴ 내일 오전에 기자들과 (   )을 가질 예정이다.

ㄷ 이번 안건에 대한 각자의 (   )을 말씀해 주십시오.

(   )

5 다음 밑줄 친 낱말과 뜻이 비슷한 낱말을 찾아 선으로 이으세요.

(1) 선생님은 자주 속담을 <u>인용해서</u> 말씀하신다.

⑦ 끌어와서

(2) 고기 위주로 <u>편중된</u> 식사를 하면 건강에 좋지 않다.

⑪ 부풀리지

(3) 어제 있었던 일을 <u>과장하지</u> 않고 사실대로 설명했다.

⑬ 치우친

6 다음 밑줄 친 낱말과 뜻이 반대인 낱말이 되도록 빈칸에 알맞은 글자를 쓰세요.

우리나라는 <u>공식적</u>으로는 사형 제도가 존재하지만 사실상 사형 폐지국에 가깝습니다. 1997년에 마지막으로 사형 집행을 한 이후 사형 집행이 단 한 차례도 이루어지지 않았기 때문입니다.

☐ 공식적

7 다음 밑줄 친 인물들의 행동에 어울리는 한자 성어를 찾아 ○표 하세요.

환곡은 조선 시대 때 시행했던 제도로, 식량이 모자라는 봄에 관청에서 백성들에게 곡식을 빌려주었다가 가을걷이를 한 뒤에 이자를 붙여 갚도록 한 것이다. 처음에는 가난한 백성들을 위해 실시했으나, 조선 후기에는 <u>일부 관리</u>들이 **악용하여** 오히려 백성들을 가장 괴롭히는 제도가 되었다. 억지로 곡식을 빌려주고 비싼 이자를 받으면서 민란의 원인이 되기도 했다.

(1) 사리사욕(私利私慾): 사사로운 이익과 욕심.　　　　　　　　　　(　　　)

(2) 수수방관(袖手傍觀): 팔짱을 끼고 보고만 있다는 뜻으로, 간섭하거나 거들지 않고 그대로 버려둠을 이르는 말.　　　　　　　　　　(　　　)

(3) 마이동풍(馬耳東風): 동풍이 말의 귀를 스쳐 간다는 뜻으로, 남의 말을 귀담아듣지 않고 지나쳐 흘려버림을 이르는 말.　　　　　　　　　　(　　　)

독해로
어휘 마무리

오늘의
나의 실력은?

최고야   좋았어   함내자

3주 4일
정답 확인

[8~9] 다음 기사문을 읽고, 물음에 답하세요.

최근 제품의 기능을 **과장하거나** 사실과 다르게 **허위**로 꾸며 광고하는 사건이 잇따라 발생하고 있어 소비자들의 주의가 요구된다.

○○ 침대는 온라인 판매 사이트에 친환경 인증 표시를 내걸었다가 허위 광고라는 지적을 받았다. ○○ 침대의 모든 제품이 친환경 인증을 받은 것처럼 표시했지만 실제로 인증을 받은 제품은 단 2종류뿐인 것으로 드러났다.

식품 의약품 안전처는 온라인에서 판매하고 있는 일반 의약품과 건강 기능 식품의 허위·과장 광고를 185건이나 적발했다고♦ 밝혔다. 일반 식품인데 건강 기능 식품인 것처럼 광고한 경우가 103건(56%)으로 가장 많았고, 질병 예방과 치료에 효과가 없으면서 있는 것처럼 광고한 경우는 49건(26%)이었다.

한국 소비자원에서는 "판매 업체 간의 경쟁이 치열하다 보니 보니 허위·과장 광고가 늘고 있다. 소비자들은 물건을 구입할 때에 ㉠**비평적**인 태도로 정보를 꼼꼼히 확인하는 등 주의를 기울여야 한다."라고 말했다.

♦**적발했다고:** 감추어져 있던 일이나 물건을 찾아 들추어냈다고.

8 ㉠'비평적'과 뜻이 비슷한 낱말과 뜻이 반대인 낱말을 보기에서 각각 골라 쓰세요.

보기

가식적, 독창적, 맹목적, 비판적

(1) 뜻이 비슷한 낱말 ━ (   )

(2) 뜻이 반대인 낱말 ⟷ (   )

9 이 글에서 전하려고 하는 중심 내용은 무엇인가요? (   )

① 요즈음에는 다양한 방법으로 물건을 광고한다.

② 의약품은 인터넷에서 구매하지 않는 것이 좋다.

③ 허위·과장 광고가 많으므로 주의를 기울여야 한다.

④ 일반 식품과 건강 기능 식품을 구별하는 것은 어렵다.

⑤ 건강 기능 식품은 질병 예방 효과가 없으므로 주의해야 한다.

매체 자료와 관련된 말

✏️ 다음 뜻에 알맞은 낱말을 가로, 세로, 대각선으로 찾아 연결하세요.

자	막	류	과	효	과	장	비	활
정	비	계	장	모	이	평	약	자
설	교	제	하	집	적	발	명	하
악	용	하	다	설	방	영	하	다
호	응	리	비	명	대	서	연	개
인	용	하	다	문	하	적	절	성
참	여	러	과	구	다	원	인	곽

 낱말 뜻

1 규모나 양이 매우 크거나 많다.
2 텔레비전으로 방송을 내보내다.
3 알맞지 않게 쓰거나 나쁜 일에 쓰다.
4 사실보다 지나치게 불려서 나타내다.
5 글이나 그림 등을 인쇄하여 묶어 놓은 것.
6 남의 말이나 글을 자신의 말이나 글 속에 끌어 쓰다.
7 사물의 옳고 그름, 아름다움과 추함 등을 분석하여 가치를 논하는 것.
8 영화나 텔레비전 등에서, 관객이나 시청자가 읽을 수 있도록 화면에 보여 주는 글자.
9 인쇄를 하기 위해 네모난 기둥 모양의 금속 윗면에 문자나 기호를 볼록 튀어나오게 새긴 것.
10 영화나 연극 등에서 소리나 빛, 컴퓨터 그래픽 등을 이용하여 그 장면에 어울리는 분위기를 만드는 일.

[1~2] 다음 글의 밑줄 친 낱말과 뜻이 비슷한 낱말을 찾아 ✓표 하세요.

1

경험한 내용을 영상으로 만들 때에는 자신의 경험을 떠올려 주제를 정한 뒤, 사진이나 그림, 영상을 수집해 어울리는 <u>문구</u>를 간단히 기록한다. 그런 다음, 편집 프로그램을 활용해 사진이나 그림, 영상, 음악, 자막을 넣는다. 마지막으로, 만든 영상을 보면서 부족한 부분을 찾아 수정한다.

① 글감   ② 글귀   ③ 글자
④ 문자   ⑤ 문장

2

속담 '우물 안 개구리'는 넓은 세상의 형편을 알지 못하는 사람을 가리키는 말이다. 또한 <u>소견</u>이 좁아서 자기만 잘난 줄 아는 사람을 비꼬는 말이기도 하다.

① 견문   ② 견해   ③ 경험
④ 소감   ⑤ 편견

[3~4] 다음 관계의 두 낱말을 찾아 기호를 쓰세요.

3

광고는 여러 가지 ㉠<u>매체</u>를 통해 사람들에게 ㉡<u>상품</u>에 대한 다양한 정보를 알리는 활동이다. 그런데 광고가 항상 정확한 ㉢<u>정보</u>만 제공하는 것은 아니다. 상품이 잘 팔리도록 기능을 과장하기도 하고, ㉣<u>거짓</u> 정보를 제공하기도 한다. 이런 광고를 각각 '과장 광고', '㉤<u>허위</u> 광고'라고 한다.

• 뜻이 비슷한 낱말: ☐ ━ ☐

4

공유 지도는 ㉠<u>특별한</u> 주제에 관한 정보를 여러 사람이 함께 지도에 표시하고, 이 정보를 ㉡<u>공유하여</u> 함께 이용하는 활동이다. 정보를 혼자 수집하고 ㉢<u>독점하여</u> 이용하는 것이 아니라, 지도에 ㉣<u>표시하여</u> 여러 사람이 함께 만들고 함께 보는 것이기에 더 ㉤<u>많은</u> 정보를 손쉽게 얻을 수 있다.

• 뜻이 반대인 낱말: ☐ ↔ ☐

5

　　옛날에는 인간이 세상의 중심이라고 생각했기 때문에 지구를 중심으로 태양과 다른 행성들이 지구 주위를 돈다는 천동설을 믿었다. 코페르니쿠스는 이런 믿음이 잘못됐다는 것을 알아내 1530년경에 지구가 태양의 주위를 돈다는 지동설에 대한 글을 썼다. 하지만 바로 출간하지는 ｜ 출근하지는 ｜ 출전하지는 ｜ 않았다. 이러한 생각은 성경에 나온 말과는 반대였고, 신을 모독한다는 비판을 받을까 봐 두려웠기 때문이다.

6

　　우리는 뉴스를 통해 다양한 정보를 얻는다. 뉴스는 정확하고 공정한 사실만 제공해야 하지만 그렇지 못한 경우가 있다. 따라서 우리는 뉴스를 볼 때 정확한 사실인지, 어느 한쪽으로 편성된 ｜ 편중된 ｜ 편찬된 ｜ 시각을 가지고 있지 않은지 등을 비판적으로 생각해야 한다. 정보에 대한 판단력을 키워서 가짜 뉴스를 선별해 내야 한다.

[7~8] 다음 글의 밑줄 친 낱말을 넣어 문장을 만들어 쓰세요.

　　사고가 발생하면 사고 원인 조사, 인명 구조, 현장 구조물 철거 등을 위해 작업자가 사고 현장으로 들어가야 한다. 그러나 2차 붕괴 등의 위험이 있어 신속한 대처에 <u>제약</u>이 따른다. 이에 요즘에는 이런 현장에 사람 대신 로봇을 투입하는 경우가 늘고 있다. <u>원격</u>으로 제어할 수 있고 자율 이동이 가능한 다양한 종류의 로봇을 이용한 기술이 활성화되고 있는 것이다.

7　　제약　　: 조건을 붙여 내용을 제한함. 또는 그 조건.

_____

8　　원격　　: 멀리 떨어져 있음.

_____

○ '公'(공)이 들어간 낱말은 '국가, 사회, 단체'와 관련 있어요. '公'(공)이 들어간 낱말을 알아보아요.

공립

지방 자치 단체가 세워서 운영함.
또는 그런 시설.

공영

주로 공적인 기관에서 공공의 이익을 위하여
경영하거나 관리함. 또는 그렇게 하는 사업.

公
공평할 공

공고

관청이나 단체에서
어떤 내용을 널리 알림.

공약

정부, 정당, 입후보자 등이 앞으로 어떤 일을
하겠다고 국민에게 약속함. 또는 그런 약속.

 Q 다음 문장에 알맞은 낱말을 찾아 ○표 하세요.

(1) 봄에 열릴 마을 축제를 알리는 (공고, 공약)이/가 게시판에 붙었다.
(2) 공원을 만들겠다는 (공립, 공약)을 내세운 사람이 선거에 당선되었다.
(3) 우리 시에서는 시민들의 건강을 위해 (공고, 공영) 자전거를 운영한다.

정치, 경제와 관련된 말 ①

✏️ 다음 낱말의 뜻을 보고, 말풍선에서 알맞은 낱말을 찾아 ○표 하세요.

1 법안(法 법도 법, 案 책상 안)

: 법으로 만들고자 하는 사항을 항목별로 정리하여 국회에 제출하는 문서나 안건.

비슷한말 법률안

예 교통 단속을 강화하자는 법안을 마련했다.

2 법치(法 법도 법, 治 다스릴 치)

: 법에 따라 나라를 다스림.

예 우리나라는 법치 국가이다.

3 분쟁(紛 어지러울 분, 爭 다툴 쟁)

: 말썽을 일으키어 시끄럽고 복잡하게 다툼.

비슷한말 마찰, 다툼

예 두 나라는 국경선을 두고 영토 분쟁을 벌이고 있다.

4 선출(選 가릴 선, 出 날 출)**하다**

: 여럿 가운데서 가려 뽑다. 비슷한말 뽑다

예 우리 반의 반장을 투표로 선출했다.

5 제정(制 억제할 제, 定 정할 정)**하다**

: 법이나 제도 등을 만들어서 정하다.

비슷한말 만들다

예 10월 3일을 개천절로 제정하였다.

6 준수(遵 좇을 준, 守 지킬 수)**하다**

: 명령이나 규칙, 법률 등을 지키다.

비슷한말 지키다, 따르다 반대말 위반하다

예 우리 모두는 법을 준수해야 한다.

7 집행(執 잡을 집, 行 다닐 행)**하다**

: 계획, 명령, 재판 등의 내용을 실제로 행하다.

비슷한말 시행하다

예 국민이 원하는 정책을 만들어 집행해야 한다.

8 판결(判 판가름할 판, 決 결정할 결)**하다**

: 법원이 소송 사건에 대하여 판단하고 결정을 내리다.

예 판사는 피고인에게 죄가 없다고 판결했다.

대통령 선거의 결과가 나왔나 봐요.

드디어 새로운 대통령을 (선출, 집행)했구나!

(1)
당선
○○○ 당선
제○대 대통령 당선

학급 회의에서 정한 규칙을 잘 (준수, 판결)합시다.

(2) 제3회 학급 회의

1 다음 낱말의 뜻으로 알맞은 것을 찾아 ○표 하세요.

(1) 제정하다
- ㉠ 법이나 제도 등을 만들어서 정하다. ( )
- ㉡ 고르지 못하거나 틀어지거나 잘못된 것을 바로잡다. ( )

(2) 집행하다
- ㉠ 한군데로 모이거나 모여서 뭉치다. ( )
- ㉡ 계획, 명령, 재판 등의 내용을 실제로 행하다. ( )

2 다음 낱말의 뜻에 알맞은 낱말을 찾아 ○표 하세요.

(1) 법치　　(법, 관습)에 따라 나라를 다스림.

(2) 선출하다　　여럿 가운데서 가려 (뽑다, 고치다).

(3) 준수하다　　명령이나 규칙, 법률 등을 (어기다, 지키다).

(4) 판결하다　　(법원, 사원)이 소송 사건에 대하여 판단하고 결정을 내리다.

3 다음 문장에 어울리는 낱말을 보기 에서 찾아 빈칸에 쓰세요.

보기
법안, 법치, 분쟁

(1) (　　　　　) 지역으로 여행을 가면 위험하다.
(2) 새로운 (　　　　　)이/가 국회에서 통과되었다.
(3) (　　　　　) 국가는 법률에 의해 다스려지는 나라이다.

4 다음 문장에 어울리는 낱말을 찾아 ○표 하세요.

(1) 교칙을 (준비하지, 준수하지) 않아서 선생님께 혼이 났다.
(2) 정부는 해마다 연말에 예산을 (집필한, 집행한) 결과를 발표한다.
(3) 재판관은 회사 측이 밀린 월급을 지급해야 한다고 (판결했다, 판독했다).

5 다음 글의 밑줄 친 낱말과 뜻이 비슷한 낱말을 모두 고르세요. (,   )

어휘
확장

> 지금도 세계 여러 국가 간의 <u>분쟁</u>이 끊이지 않고 있다. 매장된 자원이나 영토의 주인이 누구인지를 두고 다투기도 하고, 종교를 이유로 부딪치기도 한다.

① 경쟁   ② 다툼   ③ 마찰

④ 분석   ⑤ 일치

6 다음 글에서 밑줄 친 낱말과 뜻이 반대인 낱말을 찾아 쓰세요.

어휘
확장

> 어린이 보호 구역에서 제한 속도를 위반하여 운전하면 운전자 자신뿐만 아니라 어린이의 안전과 생명도 위험에 빠뜨릴 수 있다. 따라서 운전자들은 어린이 보호 구역을 지날 때 특히 신호와 속도를 <u>준수하여</u> 안전 운전을 해야 한다.

(   )

관용 표현

7 다음 글의 빈칸에 들어갈 한자 성어로 알맞은 것을 찾아 ○표 하세요.

> 광복 후 남한에는 미군, 북한에는 소련군이 주둔하면서 통일 정부를 세우기 위한 노력이 실패로 돌아갔다. 남한은 1948년 5월 10일 총선거를 실시하고 8월 15일 대한민국 임시 정부를 세웠다. 북한도 같은 해 김일성을 수상으로 **선출하고** 조선 민주주의 인민 공화국을 세웠다. 일제 강점기 때 조국이 해방되기를 [   ] 하며 기다리던 사람들은 조국이 다시 남북으로 분단되는 참담한 현실을 지켜보아야 했다.

(1) 오매불망(寤寐不忘): 자나 깨나 잊지 못함.   (   )

(2) 자가당착(自家撞着): 같은 사람의 말이나 행동이 앞뒤가 서로 맞지 않고 모순됨.

                                                    (   )

(3) 안하무인(眼下無人): 눈 아래에 사람이 없다는 뜻으로, 방자하고 교만하여 다른 사람을 업신여김을 이르는 말.   (   )

독해로
어휘 마무리

오늘의
나의 실력은?

최고야 좋았어 힘내자

4주 1일
정답 확인

[8~9] 다음 설명하는 글을 읽고, 물음에 답하세요.

대한민국의 국가 권력은 크게 셋으로 나누어져 있다. 바로 입법부, 행정부, 사법부이다. 이 기관들은 국가의 권력을 똑같이 나누어 가진다. 어느 한쪽이 권력을 제 마음대로 쓰며 국민의 자유를 침해하는 일을 막기 위해 서로를 견제할 수 있도록 한 것이다. 그렇다면 입법부, 행정부, 사법부가 서로를 어떻게 견제하는지 알아보자.

입법부는 국회를 말한다. 국민들이 직접 ㉠**선출한** 국회의원들이 법률을 ㉡**제정하는** 일을 하는 곳이다. 국회는 대통령과 행정부가 하는 일을 감시하고, 대법원장 임명에 동의하거나 반대할 수 있는 권한을 가짐으로써 행정부와 사법부를 견제한다.

행정부는 정부를 말한다. 법을 근거로 정책을 ㉢**집행하는** 일을 하며 나라의 살림을 운영한다. 정부는 입법부의 법률을 거부할 수 있고, 대법원장을 임명하는 권한을 가짐으로써 입법부와 사법부를 견제한다.

사법부는 법원을 말한다. 법에 따라 재판을 하는 곳이다. 사법부는 입법부가 만든 법률과 행정부의 명령, 규칙 등을 판단하고 심판한다.

이처럼 세 기관이 서로를 견제하며 힘의 균형을 맞출 때 민주주의가 완성된다.

◆ **견제할:** 상대편이 지나치게 세력을 가지거나 자유롭게 행동하지 못하도록 억누를.
◆ **임명:** 일정한 지위나 임무를 남에게 맡김.
◆ **권한:** 어떤 사람이나 기관의 권리나 권력이 미치는 범위.

8 ㉠~㉢과 뜻이 비슷한 낱말을 보기에서 찾아 쓰세요.

보기

뽑은, 만드는, 시행하는

(1) ㉠ ━ (   )   (2) ㉡ ━ (   )
(3) ㉢ ━ (   )

9 이 글의 내용으로 알맞은 것에 ○표 하세요.

(1) 사법부는 정책을 집행하고 나라의 살림을 운영한다.   (   )
(2) 행정부는 입법부가 만든 법률을 판단하고 심판한다.   (   )
(3) 입법부, 사법부, 행정부는 서로를 견제하는 역할을 한다.   (   )
(4) 입법부의 권력이 가장 강력해야 국민의 자유를 지키는 데에 도움이 된다.   (   )

4주 2일 정치, 경제와 관련된 말 2

✏️ 다음 낱말의 뜻을 보고, 초성에 알맞은 말을 써넣어 대화를 완성하세요.

헌법에는 대한민국의 [ㅈ][ㄱ] 은 국민에게 있다는 내용이 있대. 그리고 누구든지 성별·종교 또는 사회적 신분에 의하여 [ㅊ][ㅂ] 을 받지 않아야 한다는 내용도 인상 깊었어.

그렇구나. 하지만 얼마 전에도 노동자들이 자신들이 처한 노동 환경이 [ㅇ][ㄱ] 을 [ㅊ][ㅎ] 하고, 노동 과정에서 차별을 당했다며 시위를 벌이는 기사를 읽은 적이 있어.

안타까운 일이야. 앞으로는 그런 일이 없도록 우리 모두 적극적으로 사회 문제에 관심을 가지고, 의견을 [ㄱ][ㅈ] 하는 태도가 필요할 것 같아.

그래! 나부터라도 모든 국민은 [ㅈ][ㅇ] 하다는 생각을 가지고 [ㅍ][ㄱ] 없는 [ㅈ][ㅇ] 로운 사회를 만들기 위해 노력해야겠어.

오늘의 어휘

● **개진**(開 열 개, 陳 늘어놓을 진)**하다**: 생각을 말이나 글로 드러내다. ｜비슷한말｜ 밝히다, 펴다, 펼치다

● **인권**(人 사람 인, 權 권세 권): 인간으로서 당연히 가지는 기본적인 권리.

● **정의**(正 바를 정, 義 옳을 의)**롭다**: 진리에 맞는 올바른 도리에 벗어남이 없다.

　｜비슷한말｜ 의롭다, 정당하다, 올바르다

● **존엄**(尊 높을 존, 嚴 엄할 엄)**하다**: 어떤 사람이나 신분이 매우 높고 엄숙하다. ｜반대말｜ 비천하다

● **주권**(主 주인 주, 權 권세 권): 국가의 의사나 정책을 최종적으로 결정하는 권력.

● **차별**(差 어그러질 차, 別 다를 별): 둘 이상의 대상을 각각 등급이나 수준 등의 차이를 두어서 구별함.

　｜비슷한말｜ 차등 ｜반대말｜ 평등

● **침해**(侵 침노할 침, 害 해로울 해)**하다**: 남의 땅이나 권리, 재산 등을 침범하여 해를 끼치다.

　｜비슷한말｜ 침범하다

● **편견**(偏 치우칠 편, 見 볼 견): 공정하지 못하고 한쪽으로 치우친 생각. ｜비슷한말｜ 색안경

1

어휘
확인

다음 뜻에 알맞은 낱말을 보기 에서 찾아 쓰세요.

보기

인권, 주권, 편견

(1) 공정하지 못하고 한쪽으로 치우친 생각. ( )

(2) 인간으로서 당연히 가지는 기본적인 권리. ( )

(3) 국가의 의사나 정책을 최종적으로 결정하는 권력. ( )

2

어휘
확인

다음 밑줄 친 낱말의 뜻에 알맞은 낱말을 찾아 ○표 하세요.

(1)
연예인의 사생활을 침해하면 안 된다.

➡ 남의 땅이나 권리, 재산 등을 침범하여 (해, 변화)를 끼치면.

(2)
지금부터 자유롭게 의견을 개진해 주세요.

➡ 생각을 말이나 글로 (감추어, 드러내).

(3)
아무리 힘이 들어도 정의롭게 행동해야 한다.

➡ 진리에 맞는 올바른 도리에 벗어남이 (없게, 있게).

3

어휘
적용

다음 문장에 어울리는 낱말을 찾아 ○표 하세요.

(1) 일제 강점기에 우리나라는 일본에 (주권, 증권)을 빼앗겼다.

(2) 학생들의 (인권, 인상)을 보호하기 위한 법안이 통과되었다.

4

어휘
적용

다음 글의 ㉠, ㉡에 들어갈 낱말이 모두 알맞은 것은 무엇인가요? ( )

인간은 모두 (㉠). 우리들 중 누군가는 장애인이며 장애인이 아닌 누군가도 언제든 장애를 갖게 될 수 있다. 따라서 장애인이라는 이유로 (㉡)을/를 하면 안 된다.

	㉠	㉡		㉠	㉡
①	근엄하다	차지	②	근엄하다	판별
③	소중하다	차지	④	존엄하다	이별
⑤	존엄하다	차별			

5 다음 밑줄 친 낱말과 뜻이 비슷한 낱말을 찾아 선으로 이으세요.

(2) 의견을 표현할 수 있는 자유를 <u>침해하지</u> 않아야 한다. ・

・㉮ 폈다

(2) 상대편의 발언이 끝나자마자 반대 의견을 <u>개진하였다</u>. ・

・㉯ 정당한

(3) <u>정의로운</u> 사회를 만들기 위해 모두 함께 노력하고 있다. ・

・㉰ 침범하지

6 다음 글의 밑줄 친 낱말과 뜻이 반대인 낱말은 무엇인가요? (   )

　민주주의는 모든 국민이 나라의 주인으로서 권리를 갖고, 그 권리를 자유롭고 평등하게 행사하는 정치 방식을 말한다. 인간이라면 누구나 <u>존엄하며</u> 모두 자유롭고 평등해야 한다는 생각을 기초로 한다.

① 가련하며   ② 비천하며   ③ 소멸하며
④ 존경하며   ⑤ 특별하며

7 다음 글에서 밑줄 친 관용어의 뜻으로 알맞은 것을 찾아 ○표 하세요.

　안경이 우리나라에 처음 들어온 것은 임진왜란 무렵이다. 처음에는 안경을 쓰는 것이 버릇없다는 **편견** 때문에 안경을 쓰려면 무척 <u>눈치가 보였다</u>. 그래서 윗사람 앞에서는 절대 안경을 쓰지 않았다. 그러다가 안경을 거리낌 없이 쓰게 된 것은 개화기 때였다. 사람들은 서양의 외교관들이 안경을 쓴 모습을 보고 멋있다고 생각하였고, 안경에 대한 편견이 사라지게 되면서 점차 안경은 생활필수품이 될 수 있었다.

(1) 남의 마음과 태도를 살피게 되었다.   (   )
(2) 몹시 지쳐서 피곤하여 기운이 없게 되었다.   (   )
(3) 어려운 형편에 있으면서 배부른 행동을 하였다.   (   )

독해로
어휘 마무리

오늘의
나의 실력은?

최고야   좋았어   함내자

4주 2일
정답 확인

[8~9] 다음 전기문을 읽고, 물음에 답하세요.

　　1950년대, 남아프리카 공화국에는 흑인 ㉠차별 정책이 있었다. 흑인들은 백인들이 이용하는 병원이나 학교에 갈 수 없었고, 버스도 백인들과 함께 이용할 수 없었다. 이러한 남아프리카 공화국의 인종 차별 정책에 반대한 인물이 넬슨 만델라이다.

　　만델라는 대학 시절 흑인 친구가 백인에게 모욕을 당하는 것을 보고 인종 차별의 부당함을 깨달았다. 이후 변호사가 되어 흑인 **인권** 운동에 적극적으로 참여했다. 그러던 중 평화 시위를 하던 흑인들을 백인 경찰들이 죽이는 사건이 발생하게 되고, 만델라는 군사 조직을 만들어 투쟁하다 감옥에 가게 되었다. 만델라는 감옥에서도 투쟁을 멈추지 않았다. 27년간 감옥 안에서 편지를 써서 남아프리카 공화국에서 시행되고 있는 인종 차별 정책의 부당함을 전 세계에 알렸다. 1990년, 드디어 인종 차별 정책이 폐지되었고 만델라도 석방되었다.

　　만델라는 감옥에서 나온 뒤에는 비폭력주의자로 변해 비폭력 평화주의 주장을 **개진해** 나갔고, 민주적인 선거를 통해 대통령이 되었다. 1993년에는 그 공을 인정받아 노벨 평화상을 받았다.

◆**모욕:** 낮추어 보고 창피를 주고 불명예스럽게 함.
◆**부당함:** 도리에 어긋나서 정당하지 않음.
◆**석방되었다:** 법에 의해 일정한 장소에 갇혔던 사람이 풀려나 자유롭게 되었다.

8　㉠'차별'과 뜻이 비슷한 낱말과 뜻이 반대인 낱말을 보기에서 찾아 쓰세요.

보기

갈등, 차등, 평등, 폭등

(1) 뜻이 비슷한 낱말 ━ (　　　　　　　)
(2) 뜻이 반대인 낱말 ⟷ (　　　　　　　)

9　넬슨 만델라에 대한 설명으로 알맞은 것은 무엇인가요? (　　　　)

① 감옥에서 노벨 평화상을 받았다.
② 남아프리카 공화국의 대통령이 되기 위해 노력했지만 실패했다.
③ 27년간 전 세계를 직접 다니며 남아프리카 공화국 인종 차별 정책의 부당함을 알렸다.
④ 흑인 인권 운동을 이끌어 남아프리카 공화국의 인종 차별 정책이 폐지되는 공을 세웠다.
⑤ 흑인이 백인과 한 버스에 타지 못했던 일을 계기로 흑인 인권 운동에 관심을 가지게 되었다.

정치, 경제와 관련된 말 ❸

✏️ 다음 낱말이 사용된 상황을 보고, 뜻에 맞는 낱말을 써넣어 사전을 완성하세요.

여러분이 최근에 구입한 물건은 무엇이 있나요?

과자요.

책이요.

그런데 선생님, 똑같은 과자가 몇 달 전보다 가격이 오른 이유는 무엇일까요?

수요가 많고 공급이 적기 때문이지요.

여러분이 필요한 물건을 산 것처럼, 각 가계는 수입으로 여러 가지 소비를 해요. 그렇다면 가계의 수입은 어디서 얻을 수 있을까요?

저희 어머니께서는 회사에 다니세요.

네. 맞아요. 기업은 고용의 대가로 임금을 지급하죠.

그 임금으로 어머니께서 제게 용돈을 주셨고, 제가 책을 살 수 있었던 거군요!

어휘 사전

❶ [ㄱ ㄱ] (家 집 가, 計 꾀할 계)
: 경제 단위로서의 가정. 가정 살림을 같이하는 생활 공동체.

❷ [ㄱ ㅇ] (雇 품팔 고, 用 쓸 용)
: 돈을 주고 사람에게 일을 시킴.

❸ [ㄱ ㅇ] (購 살 구, 入 들 입)**하다**
: 물건 등을 사다.
비슷한말 사다, 구매하다, 매수하다, 매입하다

❹ [ㄱ ㅇ] (企 꾀할 기, 業 업 업)
: 이윤을 얻기 위해 생산, 판매, 유통 등의 경제 활동을 하는 조직체.

❺ [ㅅ ㅂ] (消 꺼질 소, 費 쓸 비)
: 돈, 물건, 시간, 노력, 힘 등을 써서 없앰.
비슷한말 소모 반대말 생산

❻ [ㅅ ㅇ] (需 구할 수, 要 중요할 요)
: 어떤 소비의 대상이 되는 상품에 대한 요구. 반대말 공급

❼ [ㅅ ㅇ] (收 거둘 수, 入 들 입)
: 어떤 일을 하여 돈이나 물건 등을 거두어들임. 또는 그 돈이나 물건.
비슷한말 소득 반대말 지출

❽ [ㅇ ㄱ] (賃 품팔이 임, 金 쇠 금)
: 일을 한 대가로 받는 돈. 비슷한말 품삯, 보수

1 다음 낱말의 뜻을 찾아 선으로 이으세요.

어휘
확인

(1) 가계 •

(2) 고용 •

(3) 수입 •

• ㉮ 돈을 주고 사람에게 일을 시킴.

• ㉯ 경제 단위로서의 가정. 가정 살림을 같이하는 생활 공동체.

• ㉰ 어떤 일을 하여 돈이나 물건 등을 거두어들임. 또는 그 돈이나 물건.

2 다음 낱말의 뜻풀이에 들어갈 알맞은 낱말을 보기에서 찾아 쓰세요.

어휘
확인

보기

돈, 이윤, 요구

(1) 임금: 일을 한 대가로 받는 (　　　　　　　　).

(2) 수요: 어떤 소비의 대상이 되는 상품에 대한 (　　　　　　　　).

(3) 기업: (　　　　　　　　)을/를 얻기 위해 생산, 판매, 유통 등의 경제 활동을 하는 조직체.

3 다음 중 밑줄 친 낱말을 잘못 사용한 문장은 무엇인가요? (　　　　　)

어휘
적용

① 에너지 소비를 줄이자는 운동에 참여했다.

② 놀이공원에 들어가기 위해 입장권을 구입했다.

③ 할아버지는 작은 가게를 큰 기업으로 키우셨다.

④ 물가가 많이 올라 가계에 부담을 주는 것으로 나타났다.

⑤ 은행에 저축을 하면 임금이 붙어 나중에 더 많은 돈을 받을 수 있다.

4 다음 중 빈칸에 '고용'이 들어가기에 알맞은 문장을 찾아 기호를 쓰세요.

어휘
적용

㉠ 회사에 (　　　　　)을 하기 위해 면접을 보았다.

㉡ 회사는 (　　　　　)을 하고 근로자에게 월급을 준다.

㉢ 할아버지는 (　　　　　)을 하고 시골에서 농사를 지으며 사신다.

(　　　　　)

5 다음 중 뜻이 비슷한 낱말끼리 바르게 짝 지은 것은 무엇인가요? (   )

어휘
확장

> ㉠ 기업 – 산업   ㉡ 임금 – 보수   ㉢ 소비 – 생산

① ㉠   ② ㉡   ③ ㉢

④ ㉠, ㉡   ⑤ ㉡, ㉢

6 다음 낱말과 뜻이 반대인 낱말을 보기 에서 찾아 쓰세요.

어휘
확장

> **보기**
>
> 가계, 고용, 공급, 지출

(1) 수요 ↔ (   )   (2) 수입 ↔ (   )

관용 표현
7 다음 글에서 우리나라의 경제가 처한 상황에 어울리는 속담을 찾아 ○표 하세요.

> 최근 **가계** 빚이 큰 폭으로 늘어나 우리나라의 경제에 빨간불이 켜졌다. 가계 빚을 관리하기 위해 정부가 힘쓰지 않는다면 향후 3년 간 가계 빚이 매년 4~6퍼센트씩 더 증가할 수 있다는 분석이 나왔다. 경제 규모에 비해 과하게 늘어난 빚이 금융 시스템을 불안하게 만들고 경제 성장을 가로막을 수도 있는 상황이다.

(1) 하룻강아지 범 무서운 줄 모른다: 철없이 함부로 덤비는 경우를 비유적으로 이르는 말.
(   )

(2) 바람 앞의 등불: 언제 꺼질지 모르는 바람 앞의 등불이란 뜻으로, 매우 위태로운 처지에 놓여 있음을 비유적으로 이르는 말.   (   )

(3) 배보다 배꼽이 더 크다: 배보다 거기에 있는 배꼽이 더 크다는 뜻으로, 기본이 되는 것보다 덧붙이는 것이 더 많거나 큰 경우를 비유적으로 이르는 말.   (   )

독해로
어휘 마무리

오늘의
나의 실력은?

최고야   좋았어   함내자

4주 3일
정답 확인

[8~9] 다음 견학 기록문을 읽고, 물음에 답하세요.

> 지난 5일 한국 소비사원을 견학했다. 한국 소비자원이 소비자의 날을 맞아 내가 활동하고 있는 어린이 신문 기자단을 초청했기 때문이다.
>
> 도착해서 가장 먼저 한국 소비자원 소개 영상을 보았다. 한국 소비자원은 소비자의 피해를 해결하는 데 도움을 주고 소비자에게 필요한 각종 정보를 주기 위해 국가에서 만든 기관이다. 한국 소비자원은 ㉠**구입한** 물건에 흠이 있어서 적절한 보상을 받아야 하는데 그러지 못했을 경우 소비자가 적절한 보상을 받을 수 있도록 도움을 준다. 또 소비자의 생활 실태 등을 조사하고, 소비자의 의견을 정부와 **기업**의 정책에 반영시키는 일도 한다. 소개 영상을 감상한 후 가진 질의응답 시간을 통해 피해를 입은 소비자가 기업을 상대로 소송을 걸 수 있고, 해당 제품의 판매를 금지시킬 수도 있다는 것을 알게 되었다.
>
> 그 후 녹색 **소비** 체험관을 방문했는데 이곳에서는 환경을 생각하며 소비하는 일인 '녹색 소비'에 대해 알아보고 환경친화적으로 소비하는 방법을 체험해 볼 수 있었다.
>
> 견학을 마치고 집으로 돌아오면서 소비자의 권리를 보호해 주는 기관이 있어 참 다행이라는 생각을 했다.
>
> ◆ **실태:** 있는 그대로의 상태.
> ◆ **질의응답:** 의심나거나 모르는 점을 묻고 물음에 대답을 하는 일.
> ◆ **소송:** 사람들 사이에 일어난 다툼을 법률에 따라 판결해 달라고 법원에 요구함.

8 ㉠ '구입한'과 뜻이 비슷한 낱말이 <u>아닌</u> 것은 무엇인가요? (   )

① 산   ② 구독한   ③ 구매한
④ 매수한   ⑤ 매입한

9 글쓴이가 한국 소비자원을 방문하고 알게 된 사실로 알맞은 것을 모두 고르세요.

(,   )

① 한국 소비자원은 새로운 상품을 개발하는 일을 한다.
② 한국 소비자원은 소비자에게 필요한 각종 정보를 준다.
③ 피해를 입은 소비자가 기업을 상대로 소송을 걸 수 있다.
④ 한국 소비자원은 기업들의 이익을 지키기 위해 만든 기관이다.
⑤ 소비자에게 특정 기업의 제품을 알리기 위해 한국 소비자원을 만들었다.

정치, 경제와 관련된 말 ④

✎ 다음 낱말의 뜻을 보고, 밑줄 친 낱말을 알맞게 사용하였으면 ○표, 잘못 사용하였으면 ✕표 하세요.

경제 활동(經 경서 경, 濟 건널 제, 活 살 활, 動 움직일 동)

인간의 생활에 필요한 돈이나 물건, 노동을 생산, 분배, 소비하는 데에 관계된 모든 활동.

예 온라인을 활용한 경제 활동이 점점 더 활발해지고 있다.

교역(交 사귈 교, 易 바꿀 역)

나라와 나라 사이에 물건을 서로 사고팖. **비슷한말** 무역

예 여러 나라들은 서로 교역을 하며 필요한 물건을 얻는다.

노사(勞 수고로울 노, 使 부릴 사)

노동자와 사용자. 돈을 받고 일을 하는 사람과 돈을 주고 일을 시키는 사람을 아울러 이르는 말.

예 노사가 내년도 임금을 협상했다.

내수(內 안 내, 需 구할 수)

국내에서의 수요.

반대말 외수

예 경제가 회복되자 내수가 증가했다.

빈부(貧 가난할 빈, 富 부유할 부)

가난함과 부유함.

예 빈부 격차가 커지면 사회의 불평등이 증가한다.

수출(輸 나를 수, 出 날 출)하다

국내의 상품이나 기술을 외국으로 팔아 내보내다.

반대말 수입하다

예 우리나라는 반도체를 많이 수출한다.

준공(竣 마칠 준, 工 장인 공)

공사를 다 끝냄.

비슷한말 완공

반대말 착공, 기공

예 세계에서 가장 높은 건물의 준공이 머지않았다.

투자(投 던질 투, 資 재물 자)

이익을 얻기 위해 어떤 일이나 사업에 돈을 대거나 시간이나 정성을 쏟음.

예 기업이 투자를 유치하기 위해 사람들을 불러 모아 설명회를 열었다.

내수 상품은 외국에서 활발하게 팔려.
예준

빈부 차가 줄면 가난한 사람들은 더 가난해질 거야.
지아

회사는 새로운 사업에 대한 투자를 늘릴 예정이야.
민하

1 다음 낱말의 뜻을 보기에서 찾아 기호를 쓰세요.

어휘
확인

> ─────────── 보기 ───────────
>
> ㉠ 가난함과 부유함.
> ㉡ 나라와 나라 사이에 물건을 서로 사고팖.
> ㉢ 이익을 얻기 위해 어떤 일이나 사업에 돈을 대거나 시간이나 정성을 쏟음.
> ㉣ 인간의 생활에 필요한 돈이나 물건, 노동을 생산, 분배, 소비하는 데에 관계된 모든 활동.

(1) 교역 ⋯ (   )   (2) 빈부 ⋯⋯⋯ (   )

(3) 투자 ⋯ (   )   (4) 경제 활동 ⋯ (   )

2 다음 낱말의 뜻에 알맞은 낱말을 찾아 ○표 하세요.

어휘
확인

(1) (내수)   (국내, 국외)에서의 수요.

(2) (준공)   공사를 다 (끝냄, 시작함).

(3) (노사)   노동자와 (사용자, 소비자).

3 다음 중 밑줄 친 낱말을 잘못 사용한 친구의 이름을 쓰세요.

어휘
적용

> 지율: 여성의 <u>경제 활동</u>이 꾸준히 늘고 있대.
> 희성: 정부는 <u>빈부</u>의 차를 줄이기 위해 노력해야 해.
> 세아: 음료수를 사기 위해 자동판매기의 <u>투자</u> 구멍에 동전을 넣었어.

(   )

4 다음 빈칸에 공통으로 들어갈 알맞은 낱말을 쓰세요.

어휘
적용

> • 외국으로 ☐☐ 하는 제품에 순우리말 이름을 붙였다.
>
> • 유럽으로 ☐☐ 한 한국 상품들이 인기리에 판매되었다.
>
> • 이 회사에서 만드는 물건은 모두 해외로 ☐☐ 하고 있다.

(   )

5 다음 대화의 빈칸에 들어갈 알맞은 낱말은 무엇인가요? (   )

○○아파트 신축 공사 현장
준공: 20○○년 3월 5일

재민: ○○아파트를 짓는 공사를 하고 있구나!
선아: 20○○년 3월 5일에 (   )이네.

① 가공   ② 기공   ③ 시공
④ 완공   ⑤ 인공

6 다음 밑줄 친 낱말과 뜻이 반대인 낱말을 찾아 선으로 이으세요.

(1)   이 상품은 <u>내수</u> 판매보다 해외 판매가 더 많다.   •   • ㉮   수입하고

(2)   이 건물은 <u>준공</u>을 앞두고 마무리 공사가 한창이다.   •   • ㉯   외수

(3)   우리나라는 자동차를 세계 여러 나라에 <u>수출하고</u> 있다.   •   • ㉰   착공

7 다음 글에서 밑줄 친 한자 성어의 뜻으로 알맞은 것을 찾아 ○표 하세요.

노사 갈등은 노동자와 기업 간의 의견 차이로 발생하는 갈등을 말한다. 노사 갈등을 줄이려면 노동자는 최고 품질의 제품을 만들기 위해 성실하게 일해야 하고, 기업은 노동자가 안심하고 일할 수 있는 환경을 만들어야 한다. 노사 갈등이 발생했을 때에는 <u>허심탄회</u>하게 서로의 입장을 말할 수 있는 창구를 마련하고, 서로의 처지를 이해하고 양보하며 대화를 해야 한다.

(1) 더 낫고 더 못함의 차이가 거의 없음.   (   )

(2) 절망에 빠져 자신을 스스로 포기하고 돌아보지 않음.   (   )

(3) 품은 생각을 터놓고 말할 만큼 아무 거리낌이 없고 솔직함.   (   )

독해로
어휘 마무리

오늘의
나의 실력은?

 최고야　 좋았어　 함내자

4주 4일
정답 확인

[8~9] 다음 주장하는 글을 읽고, 물음에 답하세요.

　　최근 **내수**◆ 부진을 겪으며 우리나라 경제에 큰 위기가 닥쳤다. 이때 우리에게 무엇보다 필요한 것은 국가 경쟁력을 높여 수출 증가를 꾀하는 것이다. 국가 경쟁력은 한 나라의 경제 주체들이 다른 나라의 기업들과 경쟁할 수 있는 능력을 말한다. 그렇다면 국가 경쟁력을 키우기 위해서 어떻게 해야 할까?

　　첫째, 새로운 기술을 개발하고 품질을 개선해야 한다. 제품의 품질 경쟁력이 좋아야 수출이 증가할 수 있다.

　　둘째, 새로운 수출 시장을 개척해야 한다. **수출할** 수 있는 시장이 많아야 절대적인 소비의 수가 늘게 되고 수출이 증가할 수 있다.

　　셋째, 수출품을 다양화해야 한다. 다른 나라와 ㉠**교역**을 할 때 각 나라의 경제 상황에 따라 일부 수출품의 수출량이 줄어들 수 있다. 이때 수출하는 품목이 다양하면 그 영향을 덜 받게 된다.

　　이처럼 새로운 기술 개발, 품질 개선, 수출 시장 개척, 수출품의 다양화로 국가 경쟁력을 키우면 국민의 경제 생활이 한결 안정적이고 여유로워질 것이다.

◆ **부진:** 어떤 일이 좋은 쪽으로 이루어지는 기세가 활발하지 않음.
◆ **주체:** 사물의 움직임이나 어떤 행동의 중심이 되는 것.

8　㉠ '교역'과 뜻이 비슷한 낱말을 다음 글에서 찾아 쓰세요.

　　신라가 당나라와 활발한 무역을 하게 되면서 당나라로 가는 신라 사람들도 생겨났다. 이들은 해안가 주변에 모여 무역을 하며 살았는데, 그곳을 '신라방'이라고 했다.

(　　　　　　　　　　　)

9　이 글에 나타난 글쓴이의 주장은 무엇인가요? (　　　　)

① 우리 문화를 널리 알리자.
② 경제 상황에 영향을 덜 받을 수 있는 제품만 수출하자.
③ 다른 나라로부터의 수입을 줄여 국가 경쟁력을 높이자.
④ 국내 기업들 간의 경쟁을 통해 기업의 경쟁력을 높이자.
⑤ 기술 개발, 품질 개선, 수출 시장 개척, 수출품의 다양화를 통해 국가 경쟁력을 키우자.

4주 5일 정치, 경제와 관련된 말

✏️ 다음 뜻풀이를 보고, 십자말풀이를 완성하세요.

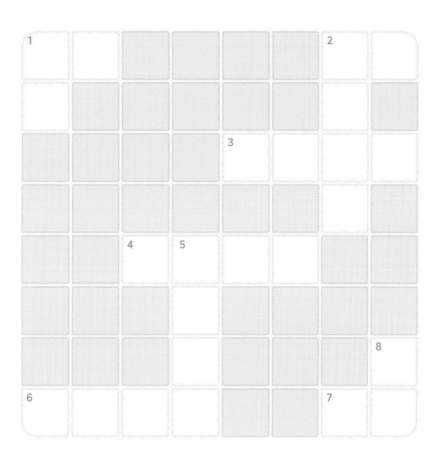

➡️ 가로

1 법으로 만들고자 하는 사항을 항목별로 정리하여 국회에 제출하는 문서나 안건.

2 어떤 소비의 대상이 되는 상품에 대한 요구.

3 생각을 말이나 글로 드러내다.

4 법이나 제도 등을 만들어서 정하다.

6 어떤 사람이나 신분이 매우 높고 엄숙하다.

7 국가의 의사나 정책을 최종적으로 결정하는 권력.

⬇️ 세로

1 법에 따라 나라를 다스림.

2 국내의 상품이나 기술을 외국으로 팔아 내보내다.

5 진리에 맞는 올바른 도리에 벗어남이 없다.

8 인간으로서 당연히 가지는 기본적인 권리.

[1~2] 다음 글에서 밑줄 친 낱말과 뜻이 비슷한 낱말을 찾아 쓰세요.

1

법은 사회 질서를 위해 모든 사람이 꼭 지켜야 하는 규칙이다. 법을 어기면 다른 사람의 권리를 침해할 수 있고 사회 질서가 유지될 수 없기 때문에 우리는 모두 법을 <u>준수해야</u> 한다.

준수해야 ━

2

가정 경제의 <u>수입</u>에는 가족이 회사에서 일해서 받는 소득, 장사를 하거나 회사를 경영하여 얻는 소득, 집을 빌려주고 받는 집세나 이자 등의 소득이 포함된다. 가정 경제가 튼튼하려면 수입과 지출이 균형을 이루어야 한다.

수입 ━

[3~4] 다음 글의 밑줄 친 낱말과 뜻이 반대인 낱말을 찾아 ○표 하세요.

3

우리는 평생 <u>소비</u>를 하며 산다. 소비 활동을 하려면 돈이 필요한데, 돈은 한정되어 있다. 따라서 우리는 합리적인 소비를 해야 한다. 소비를 하기 전에 사려고 하는 물건이 나에게 꼭 필요한 것인지 생각하고, 품질과 기능, 가격 등을 꼼꼼히 비교해야 한다.

| 경비 | 낭비 | 물산 | 생산 |

4

경인선은 서울과 인천을 잇는 철도이다. 우리나라에서 처음으로 개통된 철도 노선으로, 1899년에 제물포(인천)와 노량진(서울)을 잇는 노선이 가장 먼저 개통되었고, 이듬해 한강 철교의 <u>준공</u>과 함께 경인선 전체 구간이 개통되었다.

| 수공 | 완공 | 진공 | 착공 |

[5~6] 다음 글의 ⬭에 들어갈 알맞은 낱말을 찾아 ✓표 하세요.

5

> 인터넷 게임 셧다운제는 16세 미만의 청소년이 오전 0시부터 오전 6시까지 인터넷 게임을 할 수 없게 만든 제도이다. 이 제도는 청소년이 자유롭게 행동할 권리를 ⬭의 견이 있었지만, 2014년 헌법재판소에서는 헌법에 어긋나지 않는다고 판결했다. 그러나 2021년 결국 이 제도는 폐지가 결정되었다.

① 침공한다는   ② 침략한다는   ③ 침몰한다는

④ 침묵한다는   ⑤ 침해한다는

6

> 지방 자치 단체는 특별시·광역시·도·시·군 등 국가의 일부 구역 내에서 법이 인정하는 한도의 지배권을 가진다. 헌법 제117조는 '지방 자치 단체는 주민의 복리에 관한 사무를 처리하고 재산을 관리하며, 법령의 범위 안에서 자치에 관한 규정을 ⬭ 수 있다'고 정하고 있다. 이 법에 따라 지방 자치 단체는 지방 의회의 의결을 거쳐 지방의 사무에 관한 규정인 '조례'를 만들 수 있다.
>
> ◆ **자치:** 자기 일을 스스로 다스림.
> ◆ **복리:** 행복과 이익을 아울러 이르는 말.

① 제거할   ② 제보할   ③ 제압할

④ 제정할   ⑤ 제한할

[7~8] 다음 글의 밑줄 친 낱말을 넣어 문장을 만들어 쓰세요.

> 인터넷의 발달로 점점 다른 나라의 문화를 접하는 일이 쉬워지고 있지만 아직도 생활 문화, 음식 문화, 종교에 대한 <u>편견</u>과 <u>차별</u>로 힘들어하는 사람들이 많다. 서로 다른 문화를 존중하지 않고 자신의 문화를 기준으로 함부로 판단하는 사람들이 있기 때문이다. 이런 편견과 차별이 계속된다면 갈등이 더욱 심각해져 물리적 충돌이 일어날 수도 있다.

7   편견   : 공정하지 못하고 한쪽으로 치우친 생각.

_____

8   차별   : 둘 이상의 대상을 각각 등급이나 수준 등의 차이를 두어서 구별함.

_____

한 걸음 더!

오늘의
나의 실력은?
 최고야
 좋았어
 힘내자

4주 5일
정답 확인

○ '政'(정)이 들어간 낱말은 '정치'와 관련 있어요. '政'(정)이 들어간 낱말을 알아보아요.

정치
나라를
다스리는 일.

정책
정치적인 목적을
이루기 위한 방법.

게시판
근로자 휴가 지원
정책 시행

政
정사 정

정권
정치를 맡아
행하는 권력.

대통령 당선

정당
정치적 생각이나 주장이 같은
사람들이 모인 단체.

○○당 / 소중한 한 표

 Q 다음 문장에 알맞은 낱말을 찾아 ○표 하세요.

(1) 대통령 선거로 (정당, 정권)이 바뀌게 되었다.

(2) 정부는 출산율을 높이기 위해 새로운 (정당, 정책)을 발표했다.

(3) 각 (정당, 정치)에서는 대통령 선거에 내보낼 후보를 선정했다.

세계의 여러 나라와 관련된 말 ❶

✏️ 다음 낱말이 사용된 상황을 보고, 뜻에 맞는 낱말을 써넣어 사전을 완성하세요.

자, 생일 선물로 사 달라고 했던 지구본이란다.

우아! 학교에서 지구에 대해 배운 뒤로 꼭 갖고 싶었어요. 지구에는 넓은 바다인 대양들과 넓은 육지인 대륙들이 있대요.

그리고 이 선 보이세요? 가로로 그어진 선이 위도, 세로로 그어진 선이 경도를 나타내요.

위도
경도

자전축에 수직인 평면과 지표가 만나는 여기가 적도이고요.

우리나라는 여기 북반구에 있네요. 남북한을 합친 우리나라의 영토 면적은 영국과 비슷한 크기래요.

하하, 우리 아들이 많은 것을 배웠구나. 그럼 이제 생일잔치를 해 볼까?

어휘사전

❶ [ㄱ][ㄷ] (經 경서 경, 度 법도 도)

: 지구 위의 위치를 나타내는 좌표축 중에서 세로로 된 것.

❷ [ㅇ][ㄷ] (緯 씨 위, 度 법도 도)

: 지구 위의 위치를 나타내는 좌표축 중에서 가로로 된 것.

❸ [ㅈ][ㄷ] (赤 붉을 적, 道 길 도)

: 지구의 중심을 지나는 자전축에 수직인 평면과 지표가 만나는 선.

❹ [ㅂ][ㅂ][ㄱ] (北 북녘 북, 半 반 반, 球 공 구)

: 적도를 경계로 지구를 둘로 나누었을 때의 북쪽 부분. **반대말** 남반구

❺ [ㄷ][ㄹ] (大 큰 대, 陸 뭍 륙)

: 바다로 둘러싸인 크고 넓은 땅. 일반적으로 유럽, 아시아, 아프리카, 북아메리카, 남아메리카, 오스트레일리아, 남극 등을 이름.

❻ [ㄷ][ㅇ] (大 큰 대, 洋 큰 바다 양)

: 태평양, 대서양, 인도양, 북극해, 남극해 같은 아주 넓은 바다.

❼ [ㅇ][ㅌ] (領 거느릴 영, 土 흙 토)

: 국가의 통치권이 미치는 구역.

❽ [ㅈ][ㄱ][ㅂ] (地 땅 지, 球 공 구, 本 근본 본)

: 지구를 본떠 만든 모형.

1 다음 그림을 보고, ㉠~㉢에 알맞은 낱말을 보기에서 찾아 쓰세요.

어휘
확인

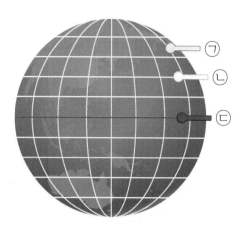

보기
경도, 위도, 적도

(1) ㉠ (   ): 지구 위의 위치를 나타내는 좌표축 중에서 세로로 된 것.

(2) ㉡ (   ): 지구 위의 위치를 나타내는 좌표축 중에서 가로로 된 것.

(3) ㉢ (   ): 지구의 중심을 지나는 자전축에 수직인 평면과 지표가 만나는 선.

2 다음 낱말의 뜻에 알맞은 낱말을 찾아 ○표 하세요.

어휘
확인

(1) 대륙   바다로 둘러싸인 크고 넓은 (땅, 하늘).

(2) 대양   태평양, 대서양, 인도양, 북극해, 남극해 같은 아주 넓은 (바다, 육지).

3 다음 글에서 빈칸에 공통으로 들어갈 알맞은 낱말은 무엇인가요? (   )

어휘
적용

　　독도는 한반도의 가장 동쪽에 위치한 대한민국의 (   )이다. 일본에서는 이 섬을 다케시마라고 부르며 일본의 (   )(이)라고 주장하고 있다. 하지만 독도는 대한민국의 독도 경비대가 수호하고 있는 대한민국의 땅이다.

① 권력　　　② 대양　　　③ 영토　　　④ 위도　　　⑤ 토양

4 다음 문장에 어울리는 낱말을 찾아 ○표 하세요.

어휘
적용

(1) 미국은 북아메리카 (대륙, 대표)에 속해 있다.

(2) (지구본, 지구촌)은 지구 전체를 한눈에 볼 수 있도록 삼차원의 구 형태를 띠고 있다.

5 다음 글의 ㉠, ㉡에 들어갈 낱말이 모두 알맞은 것은 무엇인가요? (   )

어휘
적용

> (㉠   )은 세계의 많은 바다 가운데 특히 넓고 큰 바다를 말하고, (㉡   )은 바다로 둘러싸인 커다란 땅을 말한다. 우리나라는 지리적으로 (㉠   ) 가운데 태평양과 인접해 있고, 아시아 (㉡   )에 속한다.

	㉠	㉡		㉠	㉡
①	대륙	대양	②	대륙	해양
③	대양	대륙	④	대양	해양
⑤	해양	대륙			

6 다음 문장의 밑줄 친 낱말과 뜻이 반대인 낱말은 무엇인가요? (   )

어휘
확장

> 우리나라, 미국, 이탈리아는 모두 <u>북반구</u>에 위치한 나라이다.

① 남극   ② 지구   ③ 지하
④ 남반구   ⑤ 북극성

관용 표현

7 다음 글을 읽고 계절과 관련된 속담과 그 뜻을 찾아 선으로 이으세요.

> **적도** 부근의 지역은 계절의 변화가 적고, 중위도 지역으로 갈수록 계절의 변화가 두드러지게 나타난다. 우리나라는 중위도 지역에 위치해 있어 봄, 여름, 가을, 겨울의 변화가 명확하게 나타난다. 이에 따라 계절과 관련된 말과 속담도 많이 발달해 있다.

(1) 여름비는 잠비 가을비는 떡비   ·

·㉮ 여름에 비가 오면 낮잠을 자게 되고, 가을에 비가 오면 떡을 해 먹게 된다는 말.

(2) 겨울바람이 봄바람보고 춥다 한다   ·

·㉯ 자기의 허물은 생각하지 않고 도리어 남의 허물만 나무라는 경우를 비유적으로 이르는 말.

독해로
어휘 마무리

오늘의
나의 실력은?

최고야   좋았어   함내자

5주 1일
정답 확인

[8~9] 다음 생활문을 읽고, 물음에 답하세요.

> 동하는 늦은 밤까지 아빠와 함께 축구 경기를 시청하다가 문득 궁금한 생각이 들었다.
>
> "아빠, 한국은 지금 밤인데 저 나라는 왜 저렇게 밝아요?"
>
> "지금 우리나라가 밤 10시니까 저기 영국은 오후 1시쯤 되었겠네."
>
> 아빠는 방에서 **지구본**을 들고 나오시더니 천천히 돌리며 말씀하셨다.
>
> "지구가 360°를 도는 데 약 24시간이 걸려. 그래서 하루를 24시간이라고 하지. 360°를 24시간으로 나누면 15°지? 이 말은 지구가 한 시간에 15°를 돈다는 거야. 다시 말해 15°마다 시간이 한 시간씩 차이가 난다는 뜻이지."
>
> 아빠는 지구본에 세로로 그어진 선을 가리키며 말씀하셨다.
>
> "바로 이 선이 ㉠**경도**를 표시하지. 유럽 **대륙**에 있는 경도가 0°인 영국 런던의 그리니치 천문대를 기준으로 15°씩 이동할 때마다 약 1시간이라는 시차가 생기는 거야."
>
> "해는 동쪽에서 떠서 서쪽으로 지니까……. 영국보다 15°씩 9칸 동쪽에 있는 우리나라가 영국보다 9시간 더 빠른 거군요?"
>
> "그렇지! 동하가 축구를 보다가 아주 중요한 것을 배웠구나. 하하하."
>
> 동하는 축구 경기를 보던 것도 잊은 채 한동안 지구본을 바라보았다.
>
> ◆**시차:** 세계 표준시를 기준으로 하여 정한 세계 각 지역의 시간 차이.

8 다음 중 빈칸에 ㉠'경도'가 들어가기에 알맞은 문장을 찾아 기호를 쓰세요.

> ㉮ 밤 열두 시를 (   )으로 오늘과 내일을 나눈다.
> ㉯ 유럽과 중동은 (   )가 비슷한 위치에 있어 시차가 거의 없다.
> ㉰ 아빠는 미국 출장을 다녀오신 뒤로 (   ) 때문에 힘들어하셨다.

(   )

9 이 글의 내용으로 알맞은 것에 모두 ○표 하세요.

(1) 영국과 우리나라는 9시간의 시차가 있다.   (   )

(2) 지구의 위도에 따라 1시간의 시차가 생긴다.   (   )

(3) 경도가 0°인 영국 런던의 그리니치 천문대를 기준으로 각 나라의 시간을 따진다. (   )

세계의 여러 나라와 관련된 말 ❷

✏️ 다음 낱말의 뜻을 보고, 초성에 알맞은 말을 써넣어 대화를 완성하세요.

우리 이모는 미국인과 결혼하셔서 지금은 한국에서 함께 살고 계셔. 미국은 캐나다, 멕시코와 [ㄱ][ㄱ] 을 맞대고 있는 나라이고, [ㅅ][ㄷ] 는 워싱턴이야. 그리고 [ㄱ][ㄱ] 는 성조기라고 한대.

우리나라도 다양한 [ㅁ][ㅈ] 들이 이주해 와 다문화 사회가 되고 있다는 얘기를 들었어.

맞아. 이주해 오는 사람들을 [ㅇ][ㅈ] 이나 [ㅈ][ㄱ] 등을 이유로 차별하지 않고, 서로 배려하는 마음을 가진다면 함께 잘 살아갈 수 있을 거야.

[ㄷ][ㅌ][ㅎ] 서로의 [ㄱ][ㅇ][ㅅ] 을 존중하며 함께 어우러지는 태도가 필요해.

오늘의 어휘

● **고유성**(固 굳을 고, 有 있을 유, 性 성품 성): 어떤 사물이 가지고 있는 고유한 성질이나 그 사물 특유의 속성. 비슷한말 특성, 개성

● **국경**(國 나라 국, 境 지경 경): 나라와 나라의 영역을 가르는 경계.

● **국기**(國 나라 국, 旗 기 기): 한 나라를 상징하는 깃발. 우리나라의 태극기, 미국의 성조기, 일본의 일장기 등이 있음.

● **독특**(獨 홀로 독, 特 특별할 특)**하다**: 특별하게 다르다. 비슷한말 색다르다, 특별하다, 특이하다

● **민족**(民 백성 민, 族 겨레 족): 오랫동안 일정한 지역에서 함께 생활하면서 고유한 언어, 문화, 역사를 이룬 사람들의 집단. 비슷한말 겨레

● **수도**(首 머리 수, 都 도읍 도): 한 나라의 중앙 정부가 있는 도시.

● **인종**(人 사람 인, 種 씨 종): 인류를 지역과 신체적 특성에 따라 구분한 종류. 백인종, 황인종, 흑인종이 대표적임.

● **종교**(宗 마루 종, 敎 가르칠 교): 신이나 초자연적인 존재를 믿고 복종하면서 생활이나 철학의 기본으로 삼는 문화 체계.

1 다음 낱말의 뜻풀이에 들어갈 알맞은 낱말을 보기 에서 찾아 쓰세요.

어휘
확인

보기
경계, 깃발, 중앙

(1) 국기: 한 나라를 상징하는 (   ).

(2) 수도: 한 나라의 (   ) 정부가 있는 도시.

(3) 국경: 나라와 나라의 영역을 가르는 (   ).

2 다음 낱말의 뜻풀이로 알맞은 것을 찾아 선으로 이으세요.

어휘
확인

(1) 민족 •

• ㉮ 오랫동안 일정한 지역에서 함께 생활하면서 고유한 언어, 문화, 역사를 이룬 사람들의 집단.

(2) 종교 •

• ㉯ 신이나 초자연적인 존재를 믿고 복종하면서 생활이나 철학의 기본으로 삼는 문화 체계.

3 다음 문장에 어울리는 낱말을 보기 에서 찾아 빈칸에 쓰세요.

어휘
적용

보기
국경, 수도, 고유성

(1) '한양'은 우리나라의 (   )인 '서울'의 옛 이름이다.

(2) 베토벤의 음악은 시대와 (   )을/를 초월하여 모두에게 감동을 준다.

(3) 우리 전통문화의 (   )을/를 유지하면서 세계화할 수 있는 방안을 모색
해야 한다.

4 다음 중 밑줄 친 낱말을 알맞게 사용한 문장에 모두 ○표 하세요.

어휘
적용

(1) 예부터 우리 민족은 예의를 중요시하였다.   (   )

(2) 올림픽에서 금메달을 따면 그 나라의 국경이 울려 퍼진다.   (   )

(3) 사람의 손가락 끝마디에는 그 사람만의 독특한 지문이 있다.   (   )

5 다음 글의 빈칸에 들어갈 알맞은 낱말은 무엇인가요? (   )

어휘
적용

    석기 시대 사람들은 자신이 살던 동굴의 벽이나 천장에 동물을 사냥하는 모습을 그리
곤 하였다. 이것은 자연과 신에게 사냥이 잘되기를 기원하는 마음을 담아 그린 것인데, 이
렇게 자연이나 신에게 무언가를 바라던 마음이 바로 (   )의 시작이다.

① 국경   ② 국기   ③ 민족   ④ 인종   ⑤ 종교

6 다음 낱말을 모두 포함하는 낱말을 보기 에서 찾아 쓰세요.

어휘
확장

보기

국경, 국기, 민족, 인종

(1)

태극기   성조기   일장기

(2)

흑인종   황인종   백인종

관용 표현

7 다음 속담을 들려주기에 알맞은 친구는 누구인가요? (   )

손가락도 길고 짧다
    같은 조건에 있다고 하더라도 조금씩은 서로 차이가 있게 마련이라는 것을 비유적으로
이르는 말로, 온갖 사물은 저마다의 **고유성**을 가지고 있어서 구별이 된다는 말입니다.

① 매사에 불평이 많은 친구
② 다른 친구를 험담하는 친구
③ 다른 사람의 도움을 당연하게 여기는 친구
④ 어렵고 힘든 일은 하지 않으려고 하는 친구
⑤ 자신은 독특한 개성이 없다며 슬퍼하는 친구

독해로
어휘 마무리

오늘의
나의 실력은?

최고야 좋았어 힘내자

5주 2일
정답 확인

[8~9] 다음 설명하는 글을 읽고, 물음에 답하세요.

서양에서 팬케이크나 와플을 먹을 때 빠지지 않고 곁들이는 것이 있다. 그것은 바로 달콤한 맛과 ㉠**독특한** 향이 풍부한 메이플 시럽이다. 지금은 **국경**을 넘어 매우 흔하게 볼 수 있지만, 메이플 시럽은 캐나다의 특별한 상징이며 의미 있는 역사를 지닌다.

메이플 시럽은 캐나다와 미국 등지에서 자라는 메이플 나무의 수액을 추출하여 만든 것이다. 메이플 나무의 잎이 캐나다의 **국기** 한가운데에 그려져 있는 것에서 알 수 있듯이, 메이플 나무는 곧 캐나다의 상징이다. 전 세계 메이플 시럽 생산량의 80% 이상 이 캐나다에서 만들어지는 만큼 메이플 시럽은 캐나다인에게 자부심 그 이상의 가치를 지닌다.

▲ 캐나다의 국기

또한, 메이플 시럽은 캐나다의 원주민과 초기 유럽 이민자들 간의 화합을 상징하기도 한다. 원주민에게 메이플 수액의 전통적인 생산 방식을 계승받은 이민자들은 이를 발전시켜 전파하였고, 메이플 수액을 이용한 메이플 시럽 생산을 본격화하면서 메이플 시럽이 더욱 널리 알려지게 되었다. 메이플 시럽을 통한 원주민과 이민자 간의 상호작용이 **민족** 간 가교 역할을 하며 분열을 막고 이주민의 정착을 도운 것이다.

✦**가교:** 서로 떨어져 있는 것을 이어 주는 사물이나 사실.

8 ㉠'독특한'과 뜻이 비슷한 낱말을 모두 고르세요. (,   )

① 건조한　　　　　　　　　② 빈번한
③ 색다른　　　　　　　　　④ 축축한
⑤ 특별한

9 메이플 시럽에 대한 설명으로 알맞은 것을 모두 고르세요. (,   )

① 우리나라에서 주로 생산된다.
② 메이플 시럽은 캐나다에서만 맛볼 수 있다.
③ 메이플 시럽은 메이플 나무의 수액을 추출하여 만든 것이다.
④ 캐나다 국기 한가운데에는 메이플 나무의 잎이 그려져 있다.
⑤ 캐나다로 온 이민자들이 메이플 수액을 처음으로 생산하였다.

세계의 여러 나라와 관련된 말 ③

다음 낱말의 뜻을 보고, 밑줄 친 낱말을 알맞게 사용하였으면 ○표, 잘못 사용하였으면 ✕표 하세요.

관세(關 빗장 관, 稅 세금 세)

국세의 하나. 세관을 통과하여 들어오는 해외 상품에 부과되는 세금.

예 우리나라에 외국의 물품을 들여올 때에는 관세가 붙는다.

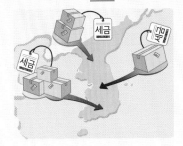

구호(救 구원할 구, 護 보호할 호) **하다**

재해나 재난 등으로 어려움에 처한 사람을 도와 보호하다.

비슷한말 구제하다

예 지진 이재민을 구호하기 위해 자원 봉사단을 모집했다.

기아(飢 주릴 기, 餓 주릴 아)

먹을 것이 없어 배를 곯는 것.

비슷한말 굶주림, 기근

예 기아에 시달린 아이는 눈앞의 음식을 닥치는 대로 먹었다.

빈곤(貧 가난할 빈, 困 괴로울 곤)

가난하여 살기가 어려움.

비슷한말 가난, 곤궁, 빈궁

예 그는 빈곤을 벗어나기 위해 열심히 일했다.

외교(外 바깥 외, 交 사귈 교)

다른 나라와 정치적, 경제적, 문화적 관계를 맺는 일.

비슷한말 국교, 수교

예 우리나라는 여러 나라와 외교 관계를 맺고 있다.

인류애(人 사람 인, 類 무리 류, 愛 사랑 애)

인류 전체에 대한 사랑.

비슷한말 박애

예 아버지는 인류애를 가지고 어려운 곳에 기부를 하신다.

지구촌(地 땅 지, 球 공 구, 村 마을 촌)

지구 전체를 한 마을처럼 여겨 이르는 말.

예 교통과 통신의 발달로 현대 사회는 하나의 지구촌을 이루었다.

통일(統 거느릴 통, ― 하나 일)

나누어진 것들을 합쳐서 하나의 조직·체계 아래로 모이게 함.

예 나는 하루빨리 우리나라의 통일이 이루어지기를 빈다.

기아에 떨고 있는 사람들을 위해 모금을 했어.

윤정 [ ]

이 책의 주인공은 돈이 많아서 빈곤에 시달리고 있어.

지혁 [ ]

우리나라는 1945년에 남한과 북한으로 통일이 되었어.

정아 [ ]

1 다음 낱말의 뜻을 보기 에서 찾아 기호를 쓰세요.

어휘
확인

보기

㉠ 먹을 것이 없어 배를 곯는 것.
㉡ 다른 나라와 정치적, 경제적, 문화적 관계를 맺는 일.
㉢ 재해나 재난 등으로 어려움에 처한 사람을 도와 보호하다.
㉣ 나누어진 것들을 합쳐서 하나의 조직·체계 아래로 모이게 함.

(1) 통일 …… (   )   (2) 기아 ……… (   )

(3) 외교 …… (   )   (4) 구호하다 … (   )

2 다음 밑줄 친 낱말의 뜻에 알맞은 낱말을 찾아 ○표 하세요.

어휘
확인

(1)
지구촌 축제인 올림픽이 드디어 개막하였다.

➡ 지구 전체를 한 (개인, 마을)처럼 여겨 이르는 말.

(2)
정부는 수입 상품에 높은 관세를 부과하여 수입을 제한하기로 하였다.

➡ 국세의 하나. 세관을 통과하여 들어오는 (국내, 해외) 상품에 부과되는 세금.

3 다음 문장에 어울리는 낱말을 보기 에서 찾아 빈칸에 쓰세요.

어휘
적용

보기

빈곤, 통일, 인류애

(1) 흉년이 지속되자 백성들은 (   )에 허덕였다.
(2) 할머니께서는 생전에 남한과 북한의 (   )을/를 보고 싶어 하셨다.
(3) 아프리카에서 병든 이들을 위해 봉사한 슈바이처의 (   )은/는 많은 사
    람에게 귀감이 되고 있다.

4 다음 문장에 어울리는 낱말을 찾아 ○표 하세요.

어휘
적용

(1) 홍수로 집을 잃은 이재민을 (구호, 구형)하는 활동을 벌였다.
(2) 조선은 일본과의 원활한 (분쟁, 외교)을/를 맺기 위해 통신사를 파견하였다.

5 다음 글에서 ㉠, ㉡과 뜻이 비슷한 낱말을 각각 찾아 쓰세요.

어휘
확장

　국제 연합(UN)은 지구촌의 평화를 위해서 전 세계에서 일어나는 문제들을 해결하는 단체이다. 국제 연합이 편성한 '유엔 평화 유지군'은 전쟁이나 자연재해를 입은 곳에 파견되어 사람들을 ㉠구호하는 활동을 하고, 국제 연합 산하의 '유니세프'는 굶주림에 시달리는 어린이를 구제하는 일을 하거나 질병 예방, 교육 등 아동 권리 향상을 위한 일을 한다. 또한 '국제 연합 식량 농업 기구'는 세계의 식량 및 ㉡기아 문제를 해결하기 위해 노력한다.

(1) ㉠ 구호하는 ━ (　　　　　　　　　　)　　　　　(2) ㉡ 기아 ━ (　　　　　　　　　　)

6 다음 글의 밑줄 친 낱말과 뜻이 비슷한 낱말은 무엇인가요? (　　　　　)

어휘
확장

　흥선 대원군이 집권하던 시기, 해안에 서양의 배들이 출몰하여 백성들을 불안에 떨게 하였다. 그러자 조선의 왕실에서는 서양 세력의 침입을 막아야 한다는 목소리가 높아졌고, 이에 흥선 대원군은 쇄국 정책을 표방하며 서양과의 <u>수교</u>를 거부하였다.

① 경쟁　　　　② 수락　　　　③ 외교　　　　④ 외국　　　　⑤ 통일

관용 표현

7 다음 대화를 읽고, 밑줄 친 내용에 어울리는 한자 성어를 찾아 ○표 하세요.

　수아: 텔레비전에서 **기아**에 시달리는 난민 아이들에 대한 뉴스를 봤는데 마음이 아팠어.
　은유: 우리도 그들을 **구호하는** 활동에 작은 힘을 보태면 어떨까?
　민조: 만 원이면 굶주리고 병든 아프리카 아이들 15명에게 한 끼 식사를 줄 수 있다고 해. <u>작은 힘도 모이면 그들에게는 큰 힘이 될 거야.</u>

(1) 고량진미(膏粱珍味): 기름진 고기와 좋은 곡식으로 만든 맛있는 음식.　　　　　　　(　　　　)

(2) 심기일전(心機一轉): 어떤 동기가 있어 이제까지 가졌던 마음가짐을 버리고 완전히 달라짐.
　　　　　　　　　　　　　　　　　　　　　　　　　　　　　　　　　　　　(　　　　)

(3) 십시일반(十匙一飯): 밥 열 술이 한 그릇이 된다는 뜻으로, 여러 사람이 조금씩 힘을 합하면 한 사람을 돕기 쉬움을 이르는 말.　　　　　　　　　　　　　　　　　　　(　　　　)

[8~9] 다음 전기문을 읽고, 물음에 답하세요.

테레사 수녀는 1910년 8월 26일, 지금의 마케도니아에서 태어났다. 1928년, 18세가 되던 해에 '로레토 수녀회'에 입단한 그녀는 1931년에 인도의 콜카타로 넘어가 수녀원의 부속 학교에서 아이들을 가르쳤다.

1946년, 기차 안에서 가난한 사람들을 돌보라는 신의 목소리를 들은 테레사 수녀는 인도의 병든 이들과 **기아** 상태의 아동을 위해 헌신하고자 마음먹었다. 당시 인도는 여러 종교적, 정치적인 상황이 맞물려 매우 불안정했고 거리에는 난민이 넘쳐났다.

1948년에 수녀회에서 나와 콜카타의 거리로 나선 테레사 수녀는 봉사의 영역을 점차 넓혀 갔고, 후원자들이 늘어나면서 1950년 '사랑의 선교 수녀회'를 결성했다. **빈곤**에 처하고 병든 이들을 **구호하기** 위한 병원과 주거 시설을 설립하고 운영하면서 그들을 돌보았고 사람들은 그런 테레사 수녀를 '마더 테레사'라고 부르기 시작하였다.

마더 테레사의 선행은 세계적으로 인정받아, 테레사 수녀는 1979년에 노벨 평화상을 수상하였다. 마더 테레사는 1997년에 세상을 떠났지만, 그녀의 **인류애** 가득한 헌신은 지금도 많은 사람들에게 감동을 주고 있다.

✦ **입단한:** 어떤 단체에 가입한.

8 이 글에 쓰인 낱말 중 '가난'과 뜻이 비슷한 낱말은 무엇인가요? (   )

① 난민   ② 부속   ③ 빈곤
④ 주거   ⑤ 인류애

9 테레사 수녀에게 일어난 일을 정리하여 순서대로 기호를 쓰세요.

> ㉠ 노벨 평화상을 받았다.
> ㉡ 마케도니아에서 태어났다.
> ㉢ '로레토 수녀회'에 입단하였다.
> ㉣ 기차 안에서 신의 목소리를 들었다.
> ㉤ '사랑의 선교 수녀회'를 결성하였다.

(   ) → (   ) → (   ) → (   ) → (   )

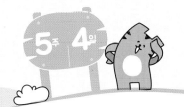
세계의 여러 나라와 관련된 말 ④

✏️ 다음 낱말의 뜻을 보고, 말풍선에서 알맞은 낱말을 찾아 ○표 하세요.

1 관습(慣 버릇 관, 習 익힐 습)
: 어떤 사회에서 오랫동안 지켜 내려와 그 사회 성원들이 널리 인정하는 질서나 풍습.
예 우리나라는 어른이 먼저 식사를 시작하시면 다른 사람도 식사를 하는 관습이 있다.

2 기여(寄 부칠 기, 與 더불 여)**하다**
: 도움이 되도록 이바지하다.
비슷한말 공헌하다, 이바지하다
예 그는 국가에 기여한 공으로 훈장을 받았다.

3 다양성(多 많을 다, 樣 모양 양, 性 성품 성)
: 모양, 빛깔, 형태, 양식 등이 여러 가지로 많은 특성.
반대말 통일성
예 우리는 서로의 다양성을 존중해야 한다.

4 배척(排 물리칠 배, 斥 물리칠 척)**하다**
: 따돌리거나 거부하여 밀어 내치다.
비슷한말 배격하다, 배제하다
예 전학 온 친구를 배척하는 태도는 잘못된 것이다.

5 완화(緩 느릴 완, 和 화목할 화)**되다**
: 긴장된 상태나 급박한 것이 느슨하게 되다.
비슷한말 풀리다, 풀어지다
예 수출 규제가 완화되어 수출이 더욱 활발해졌다.

6 조력(助 도울 조, 力 힘 력)
: 힘을 써 도와줌. 또는 그 힘.
예 나는 선생님의 조력을 받아 어려운 수학 문제를 푸는 데에 성공했다.

7 포용(包 쌀 포, 容 얼굴 용)**하다**
: 남을 너그럽게 감싸 주거나 받아들이다.
비슷한말 수용하다, 감싸다
예 우리 반 반장인 윤아는 반 친구들의 의견을 모두 포용해 준다.

8 협약(協 도울 협, 約 맺을 약)
: 국가와 국가 사이에 문서를 교환하여 계약을 맺음. 또는 그 계약. 비슷한말 조약, 규약
예 두 나라는 우주 기술에 관련된 협약을 맺었다.

인도에서는 손으로 밥을 먹기도 한대요.

우리와 다른 문화도 (기여, 포용)하는 태도를 가져야 한단다.

오빠, 우리 힘으로는 이 퍼즐을 맞출 수 없을 것 같아.

부모님께 (관습, 조력)을 구해 보자.

(1)

(2)

1 다음 뜻에 알맞은 낱말을 **보기**에서 찾아 쓰세요.

> **보기**
> 기여, 배척, 포용

(1) (   )하다: 도움이 되도록 이바지하다.

(2) (   )하다: 따돌리거나 거부하여 밀어 내치다.

(3) (   )하다: 남을 너그럽게 감싸 주거나 받아들이다.

2 다음 낱말의 뜻에 알맞은 낱말을 찾아 ○표 하세요.

(1) 조력   힘을 써 (밀어냄, 도와줌). 또는 그 힘.

(2) 다양성   모양, 빛깔, 형태, 양식 등이 여러 가지로 (드문, 많은) 특성.

(3) 협약   국가와 국가 사이에 문서를 교환하여 (갈등, 계약)을 맺음. 또는 그 계약.

3 다음 빈칸에 공통으로 들어갈 알맞은 낱말은 무엇인가요? (   )

- 어려울 때일수록 친구의 든든한 (   )은 큰 힘이 된다.
- 많은 봉사자들의 자발적인 (   )으로 피해 현장이 많이 복구되었다.
- 모둠 과제를 훌륭하게 수행하기 위해서는 모둠원 간의 협력과 (   )이 중요하다.

① 관습   ② 배척   ③ 조력   ④ 협약   ⑤ 다양성

4 밑줄 친 낱말을 알맞게 사용한 문장에 모두 ○표 하세요.

(1) 각 나라의 전통 의상은 그 나라의 관습과 역사를 반영한다.   (   )

(2) 개인의 다양성을 배척할 줄 아는 사회적 분위기가 형성되어야 한다.   (   )

(3) 세계 각국은 국제 협약을 통해서 지구촌의 환경을 보호하고자 노력한다.   (   )

5 다음 중 뜻이 비슷한 낱말끼리 바르게 짝 지은 것을 모두 찾아 기호를 쓰세요.

어휘
확장

> ㉠ 협약 – 조력　　　　　　　㉡ 관습 – 관용
> ㉢ 다양성 – 통일성　　　　　㉣ 완화되다 – 풀어지다
> ㉤ 기여하다 – 이바지하다

(　　　, 　　　)

6 다음 글의 빈칸에 들어갈 수 있는 낱말을 알맞게 짝 지은 것은 무엇인가요? (　　　)

어휘
확장

　　고려 시대에 융성했던 불교가 점차 부정부패와 결탁하며 타락의 길을 걷자 신진 사대부들은 성리학을 새로운 사상으로 내세우며 불교를 (　　　)하기에 이른다.

① 배척 – 배격　　　　② 배척 – 수용　　　　③ 조력 – 협력
④ 숭상 – 숭배　　　　⑤ 완화 – 강화

관용 표현

7 다음 글의 밑줄 친 내용과 관계있는 한자 성어는 무엇인가요? (　　　)

　　우리 학교는 문화의 **다양성**을 존중하며 더불어 살아가는 사회를 조성하기 위한 취지로 '세계인의 날' 축제를 개최하였습니다. 세계 여러 나라의 전통 의상을 입은 학생들이 세계 각국의 다양한 모양과 색깔의 국기와 각 나라를 대표하는 소품을 들고 행진하는 행사를 가졌습니다.

① 형형색색(形形色色): 형상과 빛깔 등이 서로 다른 여러 가지.
② 금란지교(金蘭之交): 친구 사이의 매우 두터운 정을 이르는 말.
③ 금상첨화(錦上添花): 좋은 일 위에 또 좋은 일이 더하여짐을 비유적으로 이르는 말.
④ 타산지석(他山之石): 남의 하찮은 말이나 행동도 자신을 수양하는 데에 도움이 될 수 있음을 비유적으로 이르는 말.
⑤ 오비이락(烏飛梨落): 아무 관계도 없이 한 일이 공교롭게도 때가 같아 억울하게 의심을 받거나 난처한 위치에 서게 됨을 이르는 말.

독해로
어휘 마무리

오늘의
나의 실력은?

최고야

좋았어

참내자

5주 4일
정답 확인

[8~9] 다음 기고문을 읽고, 물음에 답하세요.

난민 문제에 대한 포용적 접근으로 상생 기대

난민 문제는 최근 전 세계적인 쟁점 중 하나이다. 국가 간 충돌, 자연재해, 전쟁, 정치적 억압 등의 이유로 수많은 난민들이 피난처를 찾고 있다. 이에 대한 다양한 의견이 존재하지만, 최근 들어 난민들을 ㉠**포용하는** 태도를 가지고 이들과 협력해야 한다는 목소리가 두드러지고 있다.

지난 몇 년 동안, 다양한 국가와 지역에서 난민의 정착을 돕는 데 초점을 맞춘 프로그램과 정책이 시행되어 왔다. 각 국가와 지역들은 난민들이 현지 언어를 습득하고 소통할 수 있도록 언어 교육 프로그램을 제공하고, 난민들을 위한 교육 및 직업 훈련 프로그램을 제공하여 그들이 새로운 기술을 배우고 경제적으로 자립할 수 있도록 하고 있다. 이러한 프로그램은 난민들이 새로운 사회에 적응하고 새로운 시작을 하는 데에 **기여하는** 역할을 한다.

이러한 정책들을 통해 난민들을 사회에서 ㉡**배척하는** 대신 사회의 한 구성원으로 수용함으로써, 사회의 조화와 안정을 촉진할 수 있다. 난민 문제에 대한 포용적인 태도와 노력을 통해 난민들과 지역 사회가 함께 상생할 수 있는 방향으로 나아가기를 희망해 본다.

◆**상생:** 둘 이상이 서로 북돋우며 다 같이 잘 살아감.

◆**쟁점:** 서로 다투는 중심이 되는 점.

8 ㉠, ㉡과 뜻이 비슷한 낱말을 찾아 선으로 이으세요.

(1) ㉠ •

(2) ㉡ •

• ㉮ 배제하는

• ㉯ 수용하는

9 글쓴이의 관점으로 알맞은 것은 무엇인가요? (   )

① 난민 문제는 더 이상 우리 사회의 문제가 아니다.

② 난민의 정착을 돕는 프로그램이 턱없이 부족하다.

③ 난민이 발생하는 상황 자체를 만들어서는 안 된다.

④ 난민들이 우리 지역 사회에 끼치는 악영향을 무시할 수 없다.

⑤ 난민을 수용하는 자세를 가지고 상생할 수 있는 방향으로 나아가야 한다.

세계의 여러 나라와 관련된 말

✏️ 다음 뜻에 알맞은 낱말을 가로, 세로, 대각선으로 연결하세요.

외	교	관	습	인	수	도	기	민
대	역	세	빈	구	인	종	아	족
양	륙	조	곤	호	류	지	구	촌
국	기	토	력	하	애	국	경	일
현	포	용	하	다	추	고	민	다
경	적	완	화	되	다	족	유	양
도	면	협	약	상	통	일	기	성

🚗 **낱말 뜻**

1 한 나라의 중앙 정부가 있는 도시.

2 남을 너그럽게 감싸 주거나 받아들이다.

3 지구 전체를 한 마을처럼 여겨 이르는 말.

4 지구 위의 위치를 나타내는 좌표축 중에서 세로로 된 것.

5 재해나 재난 등으로 어려움에 처한 사람을 도와 보호하다.

6 태평양, 대서양, 인도양, 북극해, 남극해 같은 아주 넓은 바다.

7 나누어진 것들을 합쳐서 하나의 조직·체계 아래로 모이게 함.

8 어떤 사물이 가지고 있는 고유한 성질이나 그 사물 특유의 속성.

9 국가와 국가 사이에 문서를 교환하여 계약을 맺음. 또는 그 계약.

10 바다로 둘러싸인 크고 넓은 땅. 일반적으로 유럽, 아시아, 아프리카, 북아메리카, 남아메리카, 오스트레일리아, 남극 등을 이름.

[1~2] 다음 글의 밑줄 친 뜻을 가진 낱말을 찾아 √표 하세요.

1

인도와 파키스탄 사이의 카슈미르 지역 등 세계 곳곳의 <u>나라와 나라의 영역을 가르는 곳</u>에서 빈번하게 군사적 충돌이 일어나곤 한다.

① 국경   ② 국기   ③ 영토
④ 적도   ⑤ 협약

2

보릿고개란 지난 가을에 수확한 양식은 바닥이 나고 보리는 미처 여물지 않아 식량 사정이 매우 어려운 빈곤한 때를 말한다. 이 시기 많은 백성들은 <u>먹을 것이 없어 배를 곯는</u> 일들이 많았다.

① 구호   ② 기아   ③ 기여
④ 조력   ⑤ 지표

[3~4] 다음 글에서 밑줄 친 낱말과 뜻이 비슷한 낱말을 찾아 쓰세요.

3

임진왜란 때에 일본의 침략에 맞서 바다에서 우리 <u>민족</u>을 지켜낸 이순신 장군은 후세에도 겨레의 영웅으로 칭송받고 있다.

(   )

4

우리 학교 학생회에서는 지역 사회의 행복에 <u>기여하고자</u> 다양한 활동을 하고 있습니다. 마을에 있는 보육원에 찾아가 아이들에게 한글을 직접 가르쳐 주고, 경로당에 방문하여 홀로 사시는 어르신들의 말동무가 되어 드리고 있습니다. 또한, 마을의 쓰레기를 줍는 활동을 하며 행복한 마을을 만드는 데에 공헌하고자 노력하고 있습니다.

(   )

[5~6] 다음 글의 ⬭에 들어갈 알맞은 낱말을 찾아 ○표 하세요.

5

헬렌 켈러는 어렸을 때 심한 병에 걸려 청각과 시각을 모두 잃었다. 헬렌 켈러의 가정 교사였던 앤 설리번은 헬렌 켈러를 헌신적으로 가르쳤으며 헬렌 켈러는 앤 설리번의 진심 어린 〔 배척 조력 다양성 〕 덕분에 지적으로 눈부신 성장을 이룰 수 있었다.

6

규모가 7.8에 달하는 대규모 지진으로 삶의 터전을 잃고 고통받는 튀르키예 국민들을 〔 구호하는 배척하는 완화되는 〕 손길들이 곳곳에서 이어지고 있습니다. 우리의 작은 관심과 도움이 그들을 다시 일어서게 하는 큰 힘이 됩니다.

[7~8] 다음 글의 밑줄 친 낱말을 넣어 문장을 만들어 쓰세요.

우리나라의 <u>영토</u>는 한반도와 그 주변의 약 4,400여 개의 크고 작은 섬으로 이루어져 있어요. 우리나라는 남북으로 긴 모양이기 때문에 <u>위도</u>에 따라 다양한 기후와 자연환경이 나타나지요. 남한의 면적은 약 10만km²로 서해안 지역의 간척 사업으로 면적이 점차 확대되고 있답니다.

7   **영토** : 국가의 통치권이 미치는 구역.

_____

8   **위도** : 지구 위의 위치를 나타내는 좌표축 중에서 가로로 된 것.

_____

한 걸음 더!

오늘의
나의 실력은?
최고야 좋았어 함내자

5주 5일
정답 확인

○ '人'(인)이 들어간 낱말은 '사람'과 관련 있어요. '人'(인)이 들어간 낱말을 알아보아요.

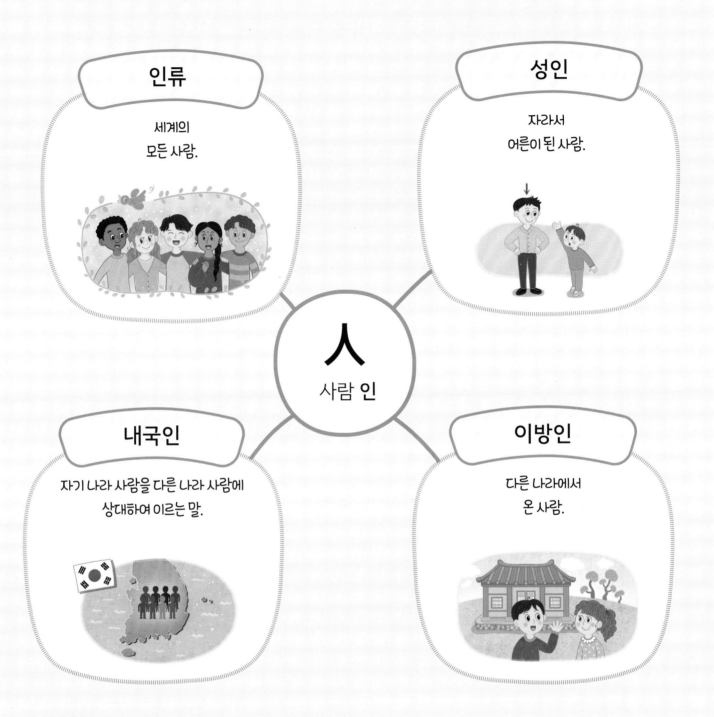

인류

세계의
모든 사람.

성인

자라서
어른이 된 사람.

人
사람 인

내국인

자기 나라 사람을 다른 나라 사람에
상대하여 이르는 말.

이방인

다른 나라에서
온 사람.

 Q 다음 문장에 알맞은 낱말을 찾아 ○표 하세요.

(1) 세계 문화 축제에는 많은 (인상, 이방인)들이 모였다.

(2) 이 영화는 18살 이상의 (성인, 이방인)만 볼 수 있는 영화이다.

(3) 제주도는 (인류, 내국인)을/를 위한 한글 안내와 외국인을 위한 외국어 안내가 모
두 잘 되어 있다.

자연, 우리 생활과 관련된 말 ①

✏️ 다음 낱말이 사용된 상황을 보고, 뜻에 맞는 낱말을 써넣어 사전을 완성하세요.

여기가 우리 할아버지 댁이야.

사진으로 봐도 조경이 예쁘지? 마당에 화단을 만들어 원예를 즐기신단다.

할아버지께서는 오래전에 척박한 땅을 개간해서 밭을 조성한 마을 터줏대감이셔.

지금까지도 밭에서 배추, 무, 감자 같은 작물을 키우셔. 어제는 무밭을 솎으셨대.

최근에는 감자를 가공한 간식도 만들어 파시느라 아주 바빠.

그런데 최근 음식 냄새를 추적해 땅을 파헤치는 습성이 있는 멧돼지 때문에 밭이 피해를 입어 걱정이셔.

어휘 사전

❶ ㄱ ㄱ (加 더할 가, 工 장인 공)**하다**

: 원자재나 반제품을 인공적으로 처리하여 새로운 제품을 만들거나 제품의 질을 높이다. **비슷한말** 제조하다

❷ ㅅ ㄷ : 촘촘히 있는 것을 군데군데 골라 뽑아 성기게 하다.

❸ ㅅ ㅅ (習 익힐 습, 性 성품 성)

: 같은 종류의 동물에서 공통되는 생활 방식이나 행동 양식.

❹ ㅇ ㅇ (園 동산 원, 藝 재주 예): 채소, 과일, 꽃 등을 심어서 가꾸는 일이나 기술.

❺ ㅈ ㅁ (作 지을 작, 物 물건 물)

: 논밭에 심어 가꾸는 곡식이나 채소. **비슷한말** 농작물, 농작

❻ ㅈ ㄱ (造 지을 조, 景 경치 경)

: 경치를 아름답게 꾸밈.

❼ ㅈ ㅅ (造 지을 조, 成 이룰 성)**하다**

: 무엇을 만들어서 이루다. **비슷한말** 건설하다, 구축하다, 세우다

❽ ㅊ ㅂ (瘠 파리할 척, 薄 얇을 박)**하다**

: 땅이 기름지지 못하고 몹시 메마르다. **비슷한말** 각박하다, 메마르다

1 다음 낱말의 뜻을 보기 에서 찾아 기호를 쓰세요.

어휘
확인

보기

ㄱ 무엇을 만들어서 이루다.
ㄴ 땅이 기름지지 못하고 몹시 메마르다.
ㄷ 촘촘히 있는 것을 군데군데 골라 뽑아 성기게 하다.
ㄹ 원자재나 반제품을 인공적으로 처리하여 새로운 제품을 만들거나 제품의 질을 높이다.

(1) 솎다 ········ (   )   (2) 가공하다 ··· (   )

(3) 조성하다 ··· (   )   (4) 척박하다 ··· (   )

2 다음 낱말의 뜻에 알맞은 낱말을 찾아 ○표 하세요.

어휘
확인

(1) 조경   경치를 (단조롭게, 아름답게) 꾸밈.

(2) 원예   채소, 과일, 꽃 등을 심어서 (가꾸는, 되파는) 일이나 기술.

3 다음 중 밑줄 친 낱말을 잘못 사용한 문장을 찾아 기호를 쓰세요.

어휘
적용

ㄱ 농부가 밭에서 상추를 솎아 내고 있다.
ㄴ 이곳은 땅이 척박해서 작물이 잘 자란다.
ㄷ 햄은 돼지고기 등 육류를 가공한 식품이다.

(   )

4 다음 글의 내용과 관련 있는 낱말에 ○표 하세요.

어휘
적용

　여러분은 '돼지' 하면 어떤 모습이 떠오르나요? 냄새 나는 오물을 뒤집어쓴 모습이 떠오르나요? 하지만 실제로 돼지는 매우 깔끔한 동물입니다. 그래서 잠을 자는 공간을 최대한 깔끔하고 청결하게 유지하기 위해서 잠자는 공간에서 떨어진 일정한 장소에 배설을 한다고 합니다.

➡ 돼지의 (원예, 습성, 조경)

5 다음 글에서 빈칸에 들어갈 알맞은 낱말은 무엇인가요? (   )

> 강원도에 때아닌 돌풍과 우박을 동반한 요란한 비가 쏟아졌습니다. 일부 내륙에서는 동전 크기만 한 우박이 관측됐는데요. 갑작스러운 우박으로 (   )에 피해를 입은 농민들의 시름이 깊어지고 있습니다. ○○○ 기자의 보도입니다.

① 야생   ② 미용   ③ 사육
④ 식용   ⑤ 작물

6 다음 문장에서 밑줄 친 낱말과 뜻이 비슷한 낱말을 찾아 쓰세요.

> 농산물, 축산물, 수산물 등을 <u>가공한</u> 식품은 그것을 제조한 날짜를 반드시 확인해야 한다.

(   )

관용 표현

7 다음 글을 읽고, 밑줄 친 속담을 알맞게 사용한 문장에 ○표 하세요.

꿩은 예민해서 누군가 다가오는 소리가 들리면 재빨리 날아가 버리지만 알을 품고 있을 때는 도망가지 않는 **습성**이 있어요. 모성애가 매우 강한 동물이기 때문이지요. 그래서 알을 품고 있는 꿩을 발견하면 꿩뿐만 아니라 알까지 얻을 수 있다고 해서 '꿩 먹고 알 먹고'라는 속담이 생겼어요. 이 속담은 한 가지 일을 하여 두 가지 이상의 이익을 보게 됨을 비유적으로 이르는 말이에요.

(1) 연필을 사면 지우개도 준다니 꿩 먹고 알 먹은 셈이야.   (   )

(2) 비가 오는데 바람까지 세게 분다니 꿩 먹고 알 먹은 것 같아.   (   )

(3) 청소기가 고장 났는데 세탁기도 고장 나다니 꿩 먹고 알 먹은 격이구나.   (   )

독해로
어휘 마무리

오늘의
나의 실력은?
최고야 좋았어 힘내자

6주 1일
정답 확인

[8~9] 다음 주장하는 글을 읽고, 물음에 답하세요.

　　요즘 누리 소통망에서 '인생 사진'의 배경으로 자주 등장하는 곳이 있습니다. 끝없이 펼쳐진 분홍빛 물결. 억새가 일렁이는 들판을 연상시키면서도 이국적인 빛깔이 신비로운, 바로 '핑크뮬리' 군락지입니다. 그런데 최근 생물학자들은 핑크뮬리가 지나치게 퍼지는 것을 경고하고 있습니다.

　　본래 핑크뮬리의 원산지는 미국 중서부 지역으로, **조경** 목적으로 처음 수입된 외래종입니다. 관광객을 유치하기 위해 ㉠**조성한** 제주도의 한 생태 공원에서 핑크뮬리가 엄청난 인기를 끌자 여기저기에서 한꺼번에 핑크뮬리를 심게 된 것입니다. 그렇게 우리나라에 심긴 핑크뮬리의 면적은 2018년 기준으로 축구장 면적의 16배가 넘는다고 하니, 지금은 그 면적이 더 넓을 것으로 보고 있습니다.

　　특히나 핑크뮬리는 **척박한** 땅에서도 잘 자라며 생명력과 번식력이 매우 뛰어납니다. 외래종인 핑크뮬리가 우리나라의 재래 식물에 어떤 영향을 끼칠지 그 위해성을 제대로 파악하기도 전에 우후죽순 심었다가, 재래종을 위협하는 요소가 발견되면 그때는 이미 돌이킬 수 없는 문제가 될 수 있다는 것입니다.

　　관광 명소를 만드는 데에만 치중하여 우리나라의 아름다운 재래 식물들이 위기에 처하는 일이 일어나지 않도록 외래 식물의 유입에 좀 더 면밀한 검토와 주의가 필요할 것입니다.

◆ **군락지:** 비슷한 생육 조건을 가진 식물들이 떼를 지어 자라고 있는 지역.

◆ **우후죽순:** 비가 온 뒤에 여기저기 솟는 죽순이라는 뜻으로, 어떤 일이 한때에 많이 생겨남을 비유적으로 이르는 말.

8　㉠'조성한'과 뜻이 비슷한 낱말을 모두 고르세요. (　　　,　　　)

① 세운　　　　　　② 건설한　　　　　　③ 건실한

④ 성실한　　　　　⑤ 조용한

9　이 글에 나타난 글쓴이의 관점으로 알맞은 것은 무엇인가요? (　　　　)

① 외래 식물을 더욱 많이 심어야 한다.

② 관광객 유치를 위한 생태 공원 조성이 시급하다.

③ 우리나라의 재래 식물들을 외국으로 수출해야 한다.

④ 현재 조성되어 있는 핑크뮬리의 군락지를 모두 없애야 한다.

⑤ 외래 식물을 수입할 때에는 위해성을 파악하여 신중을 기해야 한다.

자연, 우리 생활과 관련된 말 ❷

✏️ 다음 낱말의 뜻을 보고, 초성에 알맞은 말을 써넣어 대화를 완성하세요.

 안녕? 오랜만이야. 우리 가족이 ㄷㅅ 를 떠나 ㄱㅊ 을 한 지 벌써 세 달이 되었네. 우리는 ㅊㄹ 에 자리를 잡고 잘 지내고 있어.

이모, 잘 지내시죠? 저희 가족은 얼마 전에 ㄱㅇ 에 주말농장을 마련하고 토마토를 심었어요! 최근 교외도 ㄷㅅㅎ 가 많이 진행되었더라고요.

 우리 가족도 앞으로 농사를 지을 예정이야. 우리 가족의 ㄱㅈㅈ 가 생겼거든. 이 마을은 사람들이 대부분 농업에 ㅈㅅ 해. 이곳은 다양한 ㅅㅅ 으로 유명하고 아름다운 자연이 잘 보전된 고장이란다. 다음 방학 때 놀러 와!

우아, 여름 방학 때 꼭 놀러 갈게요.

오늘의 어휘

● **경작지**(耕 밭갈 경, 作 지을 작, 地 땅 지): 농사를 짓는 땅. 비슷한말 경지, 농사땅, 농경지

● **교외**(郊 성밖 교, 外 바깥 외): 도시의 주변 지역. 비슷한말 근교

● **귀촌**(歸 돌아올 귀, 村 마을 촌): 촌으로 돌아가거나 돌아옴. 비슷한말 귀농

● **도시**(都 도읍 도, 市 시장 시): 일정한 지역의 정치·경제·문화의 중심이 되는, 사람이 많이 사는 지역.
 비슷한말 도회지

● **도시화**(都 도읍 도, 市 시장 시, 化 될 화): 도시의 문화 형태가 도시 이외의 지역으로 발전·확대됨. 또는 그렇게 만듦.

● **식생**(植 심을 식, 生 날 생): 어떤 일정한 장소에서 모여 사는 특유한 식물의 집단.

● **종사**(從 좇을 종, 事 일 사)**하다**: 어떤 일을 일삼아서 하다.

● **촌락**(村 마을 촌, 落 떨어질 락): 주로 시골에서, 여러 집이 모여 사는 곳. 비슷한말 마을

1 다음 낱말의 뜻으로 알맞은 것을 찾아 ○표 하세요.

(1) 종사하다
- ㉠ 어떤 일을 일삼아서 하다. ( )
- ㉡ 자주성이 없이 주가 되는 것에 딸려 붙다. ( )

(2) 식생
- ㉠ 배가 닻을 내리고 머무름. ( )
- ㉡ 어떤 일정한 장소에서 모여 사는 특유한 식물의 집단. ( )

2 다음 낱말의 뜻에 알맞게 선으로 이으세요.

(1) 도시화 •

(2) 귀촌 •

• ㉮ 촌으로 돌아가거나 돌아옴.

• ㉯ 도시의 문화 형태가 도시 이외의 지역으로 발전·확대됨. 또는 그렇게 만듦.

3 다음 문장에 어울리는 낱말을 찾아 ○표 하세요.

(1) 돈을 벌기 위해 공장 일에 (종료하다, 종사하다).

(2) 전쟁으로 많은 (경작지, 사적지)가 훼손되어 농사지을 땅이 부족하였다.

4 다음 글의 ㉠, ㉡에 들어갈 낱말이 모두 알맞은 것은 무엇인가요? ( )

> 촌락과 도시는 모두 자연환경과 더불어 살아가지만 특히, (㉠)은/는 자연환경을 이용하여 수익을 얻는 일들이 발달하였고, (㉡)은/는 물건을 만들거나 다른 사람들의 편리한 생활을 도와주고 수익을 얻는 일들이 발달하였다.

	㉠	㉡			㉠	㉡
①	도시	어촌		②	도시	촌락
③	외국	국내		④	촌락	도시
⑤	촌락	외국				

5 다음 빈칸에 공통으로 들어갈 낱말로 알맞은 것은 무엇인가요? (   )

어휘
적용

> 　도시에서 촌락으로 이사하는 (   ) 인구가 점점 늘어나고 있다. 지역 사회에서는 (   )을/를 하려는 사람들이 촌락에 잘 적응하여 살 수 있도록 촌락 생활에 관련한 다양한 정보를 제공하고 있다.

① 교외　　　　　　② 귀가　　　　　　③ 귀촌
④ 산촌　　　　　　⑤ 도시화

6 다음 문장의 밑줄 친 낱말과 뜻이 비슷한 낱말을 찾아 선으로 이으세요.

어휘
확장

(1) 임야와 초원을 <u>경작지</u>로 개발하였다. ・　　　・㉮ 농경지

(2) 할머니께서는 <u>도시</u>가 너무 복잡하다고 하셨다. ・　　　・㉯ 근교

(3) 80년대 이후 대도시에서 주변의 작은 도시나 <u>교외</u>로 인구 이동이 나타났다. ・　　　・㉰ 도회지

관용 표현

7 다음 글의 '이 속담'으로 알맞은 것은 무엇인가요? (   )

> 　'이 속담'은 넓은 서울에 가서 주소도 모르고 덮어놓고 김 서방을 찾는다는 뜻입니다. 사람이 많이 사는 **도시**를 대표하는 '서울'과 우리나라에서 가장 많은 성 씨인 '김 씨' 성을 가진 남자를 들어, 주소도 이름도 모르고 무턱대고 막연하게 사람을 찾아가는 경우를 비유적으로 이를 때 쓰는 말입니다.

① 서울에 가야 과거도 본다
② 서울 가서 김 서방 찾는다
③ 서울 소식은 시골 가서 들어라
④ 시골 깍쟁이 서울 곰만 못하다
⑤ 서울서 뺨 맞고 시골에서 주먹질한다

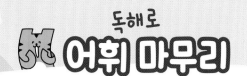 독해로 어휘 마무리

오늘의
나의 실력은?
 최고야 좋았어 힘내자

6주 2일
정답 확인

[8~9] 다음 설명하는 글을 읽고, 물음에 답하세요.

바이킹(Viking)은 7세기에서 11세기에 걸쳐 스칸디나비아와 덴마크 등지에 거주하면서 바닷길을 통하여 유럽 각지로 진출한 노르만족이다. 이들이 거주하던 지역은 기후가 춥고 척박해서 **경작지**가 부족하였고 주로 사냥이나 고기잡이에 **종사하며 촌락**을 이루어 생활하였다.

자원 부족과 경제적 어려움이 계속되자 바이킹들은 뛰어난 항해술로 유럽 각지를 다니며 약탈을 시작하였다. '롱십'이라 불리는 독특한 모양의 배를 이용해 거친 바다를 항해하였고, 해안이나 강에 배를 정박한 뒤 금과 은, 직물과 식량 등을 겁탈하며 다녔다. 이들은 점차 영역을 넓혀 지금의 영국, 프랑스, 이탈리아, 스페인 등에 있는 마을을 돌아다니며 약탈을 일삼았다.

수백 년에 걸친 약탈로 인해 바이킹은 해적 집단으로 대표되지만 이러한 모습이 바이킹의 전부는 아니다. 이들은 무역과 장사도 겸하였는데 퀼트와 뜨개질로 대표되는 수공업, 금속 가공, 목공예 등 실용성과 예술성을 갖춘 이들의 문화가 유럽에 많은 영향을 끼쳤다.

바이킹들은 300년이 넘는 기간 동안 유럽을 공포로 몰아넣었지만, 노르만족이었던 윌리엄이 잉글랜드와의 헤이스팅스 전투에서 승리하고 노르만 왕조를 건국하면서 공포의 시대는 끝이 났다. 이들이 국가를 건국하게 되면서 유럽에 정착하여 살아가게 되었기 때문이다.

◆ **항해술:** 배를 운항하는 기술.
◆ **정박한:** 배가 닻을 내리고 머무른.

8 이 글에 쓰인 낱말 중 뜻이 비슷한 낱말끼리 알맞게 짝 지은 것을 찾아 기호를 쓰세요.

> ㉠ 약탈 – 해적　　　　　　　㉡ 촌락 – 마을
> ㉢ 실용성 – 예술성　　　　　㉣ 진출한 – 정박한

(　　　　　　　)

9 다음 중 이 글을 <u>잘못</u> 이해한 친구를 찾아 이름을 쓰세요.

> 세은: 바이킹이 한 약탈의 시작은 결국 그들의 생존과 연관이 있구나.
> 이안: 잉글랜드와의 전투에서 패배함으로써 바이킹은 국가를 건국하게 되었어.
> 수호: 바이킹의 실용성과 예술성을 갖춘 문화가 유럽에 영향을 끼치기도 하였어.

(　　　　　　　)

자연, 우리 생활과 관련된 말 ❸

✏️ 다음 낱말의 뜻을 보고, 밑줄 친 낱말을 알맞게 사용하였으면 ○표, 잘못 사용하였으면 ✕표 하세요.

가시거리(可 옳을 가, 視 볼 시, 距 떨어질 거, 離 떠날 리)

눈으로 볼 수 있는 거리.

예 오늘은 날이 맑고 <u>가시거리</u>가 멀어서 풍경이 멀리까지 잘 보인다.

육풍(陸 뭍 육, 風 바람 풍)

밤에 육지에서 바다로 부는 바람.

예 밤에는 육지가 바다보다 빠르게 차가워져서 육지에서 바다로 <u>육풍</u>이 분다.

해풍(海 바다 해, 風 바람 풍)

낮에 바다에서 육지로 부는 바람.

예 바닷가에 <u>해풍</u>이 몰아쳐 제대로 걷기도 힘들었다.

불쾌지수(不 아닐 불, 快 쾌할 쾌, 指 가리킬 지, 數 셀 수)

사람이 무더위에 대하여 느끼는 불쾌감의 정도를 기온과 습도의 관계로 나타내는 수치.

예 교실이 너무 더워서 친구들의 <u>불쾌지수</u>가 높아졌다.

일조량(日 날 일, 照 비출 조, 量 헤아릴 량)

일정한 물체의 표면이나 지표면에 비치는 햇볕의 양.

예 우리 집 텃밭은 <u>일조량</u>이 충분해 식물이 잘 자란다.

서리

대기 중의 수증기가 지상의 물체 표면에 얼어붙은 것.

예 밤새 풀잎 위에 <u>서리</u>가 내려 앉았다.

자욱하다

연기나 안개 등이 잔뜩 끼어 흐릿하다. 비슷한말 짙다

예 안개가 <u>자욱해서</u> 한 치 앞도 보이지 않았다.

황사(黃 누를 황, 砂 모래 사)

중국 대륙의 사막이나 황토 지대에 있는 가는 모래가 강한 바람으로 인하여 날아올랐다가 점차 내려오는 현상. 봄·초여름에 우리나라에도 날아옴.

예 어머니께서 <u>황사</u>가 심하다며 외출을 자제하라고 하셨다.

바다에서 육풍이 불어와서 눈을 뜰 수가 없었어.

예준 _____

연기가 자욱한 화재 현장의 모습을 뉴스에서 보았어.

지아 _____

황사가 심하면 짧은 시간에 비가 많이 오니까 주의해.

민하 _____

1 다음 낱말의 뜻에 알맞은 낱말을 찾아 ○표 하세요.

어휘
확인

(1) 자욱하다 　연기나 안개 등이 잔뜩 끼어 (또렷하다, 흐릿하다).

(2) 일조량 　일정한 물체의 표면이나 지표면에 비치는 (햇볕, 바람)의 양.

(3) 서리 　대기 중의 수증기가 지상의 물체 표면에 (녹은, 얼어붙은) 것.

2 다음 낱말의 뜻풀이에 들어갈 알맞은 낱말을 보기에서 찾아 쓰세요.

어휘
확인

보기

낮, 밤, 바다, 육지

(1) 해풍: (　　　　)에 (　　　　)에서 (　　　　)로 부는 바람.
(2) 육풍: (　　　　)에 (　　　　)에서 (　　　　)로 부는 바람.

3 다음 중 밑줄 친 낱말을 알맞게 사용한 친구의 이름을 쓰세요.

어휘
적용

한솔: 안개가 짙을수록 <u>가시거리</u>는 길어져.
세준: <u>불쾌지수</u>는 추위와 관련이 있어서 겨울에 높아져.
윤아: <u>황사</u>가 심한 날에는 반드시 마스크를 착용해야 해.

(　　　　　　　)

4 다음 중 빈칸에 '자욱하다'가 들어가기에 알맞지 <u>않은</u> 문장을 찾아 기호를 쓰세요.

어휘
적용

㉠ 강가에 가니 시원한 강바람이 (　　　　　).
㉡ 밖을 내다보니 산등성이에 안개가 (　　　　　).
㉢ 갑작스러운 화재로 집 안에 연기가 (　　　　　).

(　　　　　　　)

5 다음 문장에 어울리는 낱말을 보기에서 찾아 빈칸에 쓰세요.

어휘
적용

> **보기**
>
> 서리, 육풍, 해풍

(1) 밤에는 바다의 온도가 상대적으로 높아져 (   )이/가 분다.

(2) 바다로부터 시작된 (   )이/가 들판을 지나 마을로 불어닥쳤다.

(3) 농부는 갑작스럽게 내린 (   )(으)로 농작물에 큰 피해를 입었다.

6 다음 글의 밑줄 친 낱말과 뜻이 비슷한 낱말은 무엇인가요? (   )

어휘
확장

> 소양호는 어스름한 새벽에 가장 아름답다. <u>자욱하게</u> 물안개가 피어오르고 수줍은 듯 붉게 물든 단풍잎이 고즈넉한 분위기를 더한다.

① 옅게   ② 짙게   ③ 가볍게

④ 무겁게   ⑤ 특별하게

관용 표현

7 다음 글의 빈칸에 들어갈 밑줄 친 한자 성어가 비유하는 내용으로 알맞은 것은 무엇인가요?

(   )

> 눈만 내려도 춥고 미끄러운데 그 위로 **서리**까지 더해지면 어떨까요? '설상가상'은 내린 눈 위에 다시 서리가 내려 쌓인다는 뜻으로, [   ]을/를 비유한 한자 성어예요. 관용어인 '엎친 데 덮치다', 속담 '재수 없는 놈은 뒤로 자빠져도 코가 깨진다'와 뜻이 비슷해요.

① 좋은 일 위에 또 좋은 일이 더하여짐

② 난처한 일이나 불행한 일이 잇따라 일어남

③ 미리 준비가 되어 있으면 걱정할 것이 없음

④ 남의 말을 귀담아듣지 않고 지나쳐 흘려버림

⑤ 고생을 하면서 부지런하고 꾸준하게 공부하는 자세

독해로
어휘 마무리

오늘의
나의 실력은?

 최고야
 좋았어
 힘내자

6주 3일
정답 확인

[8~9] 다음 일기 예보를 읽고, 물음에 답하세요.

오늘의 날씨를 알려 드립니다.

개천절인 오늘, 다소 쌀쌀하게 느껴지는 가을 아침입니다. 현재 서울 기온은 12.1도로, 내륙 곳곳에는 안개가 **자욱하게** 끼어 있습니다. **가시거리**가 200미터 미만으로 짧은 지역이 많으니 운전하실 때에는 차간 거리를 넉넉히 두고 감속 운전을 하는 등 평소보다 교통안전에 유의하셔야겠습니다.

밤사이 기온이 크게 떨어지면서 내일 아침은 전국이 올가을 들어 가장 낮은 기온을 기록할 것으로 예상됩니다. 경기 파주 기온이 영상 6도, 서울은 8도로 오늘보다 4~5도 가량 뚝 떨어지겠습니다. 특히 대관령은 아침 기온이 영상 2도로 예상돼 산간 고지대에서는 **서리**와 얼음이 관측될 것으로 보입니다.

날씨가 추워지면서 단풍을 기다리고 계신 분이 많으실 텐데요. 올해는 특히 일교차가 크고 ㉠**일조량**이 많아 단풍이 더 곱게 물들 것으로 예상됩니다. 지난달 말 설악산에서 시작된 단풍은 이달 10일 이후 중부 대부분 지역과 남부 일부 지역으로 확산될 것으로 보입니다.

대기는 점차 건조해질 전망입니다. 산불 등 화재에 유의해 주시기 바랍니다. 지금까지 날씨였습니다.

♦ **감속:** 속도를 줄임. 또는 그 속도.
♦ **일교차:** 하루 동안에 기온, 기압, 습도 등이 바뀌는 차이.

8 ㉠'일조량'을 넣어 만든 문장으로 알맞은 것에 ○표 하세요.

(1) 여름은 낮이 길어서 일조량이 겨울보다 적다. ( )

(2) 그늘진 곳은 일조량이 부족해 춥게 느껴진다. ( )

9 일기 예보의 내용으로 알맞지 <u>않은</u> 것을 모두 고르세요. (,)

① 내일 아침은 오늘보다 더 춥다.

② 오늘은 안개가 많이 끼어 가시거리가 짧다.

③ 이달 말 설악산에서 단풍이 시작될 예정이다.

④ 오늘 산간 고지대에서는 서리와 얼음이 관측되었다.

⑤ 대기가 점차 건조해질 것이므로 화재에 유의해야 한다.

자연, 우리 생활과 관련된 말 ④

✎ 다음 낱말의 뜻을 보고, 말풍선에서 알맞은 낱말을 찾아 ○표 하세요.

1 가옥(家 집 가, 屋 집 옥)

: 사람이 사는 집. 비슷한말 집, 주택, 살림집

예 남부 지방의 가옥은 바람이 잘 통한다.

2 부패(腐 썩을 부, 敗 패할 패)**하다**

: 단백질이나 지방 등이 미생물의 작용에 의하여 썩다. 비슷한말 상하다, 썩다

예 부패한 생선에서 악취가 났다.

3 수선(修 닦을 수, 繕 기울 선)**하다**

: 낡거나 헌 물건을 고치다.

비슷한말 고치다, 수리하다

예 고장 난 우산을 수선했다.

4 식기(食 먹을 식, 器 그릇 기)

: 음식을 담는 그릇.

예 식기에 음식들이 먹음직스럽게 담겨 있다.

5 주거(住 살 주, 居 살 거)

: 일정한 곳에 머물러 삶. 또는 그런 집.

비슷한말 거주

예 주거 환경을 개선하기 위해 집을 수리했다.

6 주식(主 주인 주, 食 먹을 식)

: 밥이나 빵과 같이 끼니에 주로 먹는 음식.

반대말 부식

예 우리 가족의 주식은 밥이다.

7 착용(着 붙을 착, 用 쓸 용)**하다**

: 옷, 모자, 신발, 액세서리 등을 입거나, 쓰거나, 신거나 차거나 하다.

예 옷 가게에서 원피스를 착용해 보았다.

8 향신료(香 향기 향, 辛 매울 신, 料 되질할 료)

: 음식에 맵거나 향기로운 맛을 더하는 조미료. 고추, 후추, 파, 마늘, 생강, 겨자, 깨 등이 있음.

예 태국 음식에서 낯선 향신료 향이 났다.

엄마, 여기는 무엇을 사러 왔어요?

음식을 담을 (식기, 주거)를 사러 왔단다.

(1)

게르는 유목 생활에 알맞은 몽골인들의 전통 (가옥, 주식)이야.

(2)

1 다음 낱말의 뜻을 보기에서 찾아 기호를 쓰세요.

어휘
확인

보기

ㄱ 일정한 곳에 머물러 삶. 또는 그런 집.
ㄴ 밥이나 빵과 같이 끼니에 주로 먹는 음식.
ㄷ 음식에 맵거나 향기로운 맛을 더하는 조미료.
ㄹ 옷, 모자, 신발, 액세서리 등을 입거나, 쓰거나, 신거나 차거나 하다.

(1) 주식 …… (   )   (2) 주거 ……… (   )

(3) 향신료 … (   )   (4) 착용하다 … (   )

2 다음 낱말의 뜻으로 알맞은 것을 찾아 ○표 하세요.

어휘
확인

(1) 식기 ┌ ㄱ 음식을 담는 그릇.   (   )
         └ ㄴ 생존을 위하여 필요한 사람의 먹을거리.   (   )

(2) 수선하다 ┌ ㄱ 낡거나 헌 물건을 고치다.   (   )
            └ ㄴ 글이나 글자의 잘못된 부분을 고치다.   (   )

3 다음 문장에 어울리는 낱말을 찾아 ○표 하세요.

어휘
적용

(1) (부패한, 착용한) 음식을 잘못 먹었다가 식중독에 걸릴 수 있다.

(2) 이 식당은 직접 개발한 (주식, 향신료)을/를 넣어 만든 소스가 일품이다.

4 다음 중 밑줄 친 낱말을 알맞게 사용한 문장에 모두 ○표 하세요.

어휘
적용

(1) 우리나라 사람들은 쌀을 <u>주식</u>으로 한다.   (   )

(2) 악기를 연주할 때에는 강약을 잘 <u>착용해야</u> 한다.   (   )

(3) 사람들이 많이 사는 <u>주거</u> 지역에서는 가축 사육을 제한하고 있다.   (   )

5 다음 문장의 밑줄 친 낱말과 뜻이 비슷한 낱말은 무엇인가요? (   )

어휘
확장

> 이곳은 유명한 시인이 예전에 살던 <u>가옥</u>이야.

① 방   ② 집
③ 기업   ④ 주식
⑤ 회사

6 다음 중 뜻이 비슷한 낱말끼리 짝 지어지지 <u>않은</u> 것을 찾아 기호를 쓰세요.

어휘
확장

┌───┐
│ ㉠ 주거 – 거주   ㉡ 주식 – 부식   │
│ ㉢ 부패하다 – 썩다   ㉣ 수선하다 – 수리하다   │
└───┘

(   )

7 다음 글의 밑줄 친 내용과 관련 있는 한자 성어는 무엇인가요? (   )

> 외양간이 망가지면 그 안에 있는 가축들이 멀리 도망가겠죠? 그러면 가축을 잃은 주인은 그제서야 낡거나 헌 외양간을 **수선하지** 않은 것을 후회할 거예요. 하지만 소를 잃고 나서 외양간을 고쳐 봤자, 도망간 소가 다시 돌아오지는 않아요. 이와 같이 "소 잃고 외양간 고친다"라는 속담은 평소에는 가만히 있다가 일을 당하고 나서야 뒤늦게 손을 쓴다는 뜻으로 <u>문제가 일어나기 전에 미리미리 준비하고 대비하는 자세가 중요하다는 가르침</u>을 줍니다.

① 고진감래(苦盡甘來): 고생 끝에 즐거움이 옴.
② 유구무언(有口無言): 변명할 말이 없거나 변명을 못함.
③ 과유불급(過猶不及): 지나친 것은 부족한 것보다 못함.
④ 안하무인(眼下無人): 방자하고 교만하여 다른 사람을 업신여김.
⑤ 거안사위(居安思危): 편안할 때도 위태로울 때의 일을 생각하라는 뜻.

독해로
어휘 마무리

오늘의
나의 실력은?

최고야 좋았어 함내자

6주 4일
정답 확인

[8~9] 다음 광고문을 읽고, 물음에 답하세요.

늘 오늘 같은 신선함, "생생통" 밀폐 용기와 함께!

맛있는 요리는 신선한 재료에서 시작됩니다. 신선한 재료를 위해서는 올바른 보관이 필수! 신선함을 지켜 줄 비밀 무기! 바로 "생생통" 밀폐 용기입니다.

음식을 냉장고에 넣어도 왜 시간이 지나면 상할까요? 음식물이 수분이나 산소와 접촉하면 음식물 속 박테리아와 미생물이 급속도로 번식하면서 ㉠**부패하게** 되지요. 그런데 "생생통"은 특허 받은 기술로 외부 공기는 차단하고 발효 가스는 배출해 주어서 오랫동안 신선한 상태를 유지해 줍니다.

우리가 **주식**으로 매일 먹는 쌀, 요리를 할 때 넣는 각종 **향신료**. 그동안 비닐봉지나 플라스틱 통에 넣어 두셨나요? 소중한 우리의 몸을 생각해서 "생생통"에 보관하세요. "생생통"은 친환경 재질을 사용하여 우리의 건강과 지구의 건강을 함께 생각하였습니다.

영하 40도부터 최고 120도까지 견딜 수 있어 냉동·냉장 보관은 물론 전자레인지 사용과 열탕 소독까지! 음식을 담고, 조리하는 모든 순간에 안심하며 쓸 수 있답니다. "생생통"과 함께하면 언제나 신선하고 즐거운 식사를 즐길 수 있어요. 지금 바로 구매해 식품의 신선함을 그대로 느껴 보세요!

◆ **열탕:** 100℃에 가까운 온도의 물. 주로 소독하는 데 씀.

8 ㉠'부패하게'와 뜻이 비슷한 낱말을 다음 글에서 찾아 쓰세요.

> 엄마께서 사 오신 고기를 냉장고에 넣어 달라고 부탁하셨는데 깜빡하고 넣지 않았다. 한참 후에 고기를 발견하신 엄마는 아까운 고기가 상하게 되었다며 나를 나무라셨다.

( )

9 "생생통"에 대한 설명으로 알맞지 <u>않은</u> 것은 무엇인가요? ( )

① 냉동·냉장 보관이 모두 가능하다.
② 음식물이 쉽게 부패하지 않도록 돕는다.
③ 높은 곳에서 떨어뜨려도 깨지지 않는다.
④ 외부 공기는 차단하고 발효 가스는 배출해 준다.
⑤ 친환경 재질을 사용하여 지구의 건강을 생각했다.

자연, 우리 생활과 관련된 말

✏️ 다음 뜻풀이를 보고, 십자말풀이를 완성하세요.

➡️ **가로**

1 사람이 사는 집.

2 대기 중의 수증기가 지상의 물체 표면에 얼어붙은 것.

3 땅이 기름지지 못하고 몹시 메마르다.

5 촌으로 돌아가거나 돌아옴.

7 경치를 아름답게 꾸밈.

9 논밭에 심어 가꾸는 곡식이나 채소.

⬇️ **세로**

1 눈으로 볼 수 있는 거리.

4 어떤 일을 일삼아서 하다.

6 주로 시골에서, 여러 집이 모여 사는 곳.

8 농사를 짓는 땅.

[1~2] 다음 글의 밑줄 친 뜻을 가진 낱말을 찾아 √표 하세요.

1

바닷가에서는 낮에 부는 바람과 밤에 부는 바람의 방향이 서로 반대이다. 낮에는 바다의 찬 공기가 위로 올라가기 때문에 바다에서 육지를 향해 바람이 분다. 하지만 밤에는 반대로 바다가 더 따뜻해지기 때문에 <u>육지에서 바다를 향해 바람이 분다.</u>

① 강풍　　　　　　② 미풍　　　　　　③ 육풍
④ 태풍　　　　　　⑤ 해풍

2

네덜란드는 <u>꽃을 심어서 가꾸는 일이나 기술</u>이 매우 뛰어난 국가로 꽃 재배와 꽃 시장의 규모가 세계적입니다. 가장 유명한 튤립뿐만 아니라 장미, 히아신스, 수선화 등 수많은 종류의 꽃을 재배하고 수출합니다.

① 경작　　　　　　② 교외　　　　　　③ 귀촌
④ 원예　　　　　　⑤ 조경

[3~4] 다음 글에서 밑줄 친 낱말과 뜻이 비슷한 낱말을 찾아 쓰세요.

3

작은 마을은 오랜 가뭄으로 인해 <u>척박한</u> 땅만 남아 있었다. 비가 오지 않아 농작물은 시들어 죽고, 강은 이미 바짝 말라붙었다. 마을 사람들은 물을 얻을 수 있는 곳으로 저 멀리 뿔뿔이 흩어졌고 메마른 마을에는 쓸쓸한 바람만이 가득하였다.

(　　　　　　　　　)

4

우리가 먹는 것 중에서 절대로 <u>썩지</u> 않는 것이 무엇일까요? 바로 소금입니다. 소금은 나트륨과 염소로 이루어진 무기물이며 공기와 접촉하여도 문제가 생기지 않습니다. 소금은 식품이 쉽게 부패하지 않도록 방부제 역할을 하기 때문에 과거에는 식품을 보존하기 위해 소금에 담가 저장하는 방식을 많이 사용하였습니다.

(　　　　　　　　　)

[5~6] 다음 글의 빈칸에 들어갈 알맞은 낱말을 **보기**에서 찾아 쓰세요.

보기

솎는, 가공한, 종사한, 수선하는

5
　　상추를 기를 때에는 상추를 (　　　　　　　　　　) 과정을 반드시 해야 한다. 이것을 하지 않으면, 상추들이 촘촘히 나면서 서로 엉켜 성장이 더디거나 썩는 경우가 생긴다.

6
　　제주에는 평생을 어업에 (　　　　　　　　　　) 해녀들이 있다. 이들은 산소 공급 장치 없이 맨몸으로 10미터 이내 깊이의 바다로 잠수해 전복, 소라, 미역 등을 직접 채취하며 독특한 해녀 문화를 이어 왔다. 이러한 제주 해녀 어업은 2023년 유엔 세계 중요 농업 유산에 등재되었다.

[7~8] 다음 글의 밑줄 친 낱말을 넣어 문장을 만들어 쓰세요.

귀촌 전에 먼저 살아 보세요!
　　'농촌에서 살아 보기'는 도시민들이 농촌에서 최장 6개월 간 주거를 하며 농촌 생활을 체험해 보는 활동입니다. 이 활동은 귀촌을 희망하는 도시민이 농촌 지역에서 직접 살아 보며 새로운 환경을 미리 경험해 보고, 그들이 지역민과 교류할 수 있는 기회를 제공해 귀촌에 성공할 수 있도록 돕습니다.

7　　　**주거**　: 일정한 곳에 머물러 삶. 또는 그런 집.

_____

8　　　**귀촌**　: 촌으로 돌아가거나 돌아옴.

_____

한 걸음 더!

오늘의
나의 실력은?

최고야   좋았어   힘내자

6주 5일
정답 확인

○ '村'(촌)이 들어간 낱말은 '마을'과 관련 있어요. '村'(촌)이 들어간 낱말을 알아보아요.

농촌

주민의 대부분이 농업에 종사하는 마을이나 지역.

어촌

어민들이 모여 사는 바닷가 마을.

村
마을 촌

산지촌

주로 임업과 목축업 등을 행하는, 산지에 이루어진 마을.

강촌

강가에 있는 마을.

Q 다음 문장에 알맞은 낱말을 찾아 ○표 하세요.

(1) 우리 마을은 커다란 강을 낀 (강촌, 농촌)이다.

(2) (농촌, 어촌)에서는 대부분의 사람들이 농업에 종사한다.

(3) 할아버지께서는 (어촌, 산지촌)에 살며 고기잡이를 하신다.

운동, 에너지와 관련된 말 ①

✎ 다음 낱말이 사용된 상황을 보고, 뜻에 맞는 낱말을 써넣어 사전을 완성하세요.

단열

우리 생활 속에서 단열의 예를 말해 볼까요?

냄비를 가열하면 수온이 올라가고 물이 끓지만, 소재가 다른 냄비 손잡이는 전도가 잘 되지 않아 쉽게 달구어지지 않아요.

아주 잘 대답했어요. 그러면 물은 몇 도에서 끓는지 어림해 보고, 실제로 물이 끓는 온도를 온도계로 측정해 볼까요?

선생님, 물을 끓일 때 왜 불과 멀리 떨어진 윗부분의 물도 뜨거워지나요?

비커 안의 모든 물이 뜨거워지는 것은 대류 때문이에요.

어휘사전

❶ [ㄱ][ㅇ] (加 더할 가, 熱 더울 열)**하다**
: 어떤 물질에 열을 가하다.
비슷한말 데우다 반대말 냉각하다, 식히다

❷ [ㄷ][ㅇ] (斷 끊을 단, 熱 더울 열)
: 물체와 물체 사이에 열이 서로 통하지 않도록 막음. 또는 그렇게 하는 일.

❸ [ㄷ][ㄱ][ㄷ] : 타지 않는 고체인 쇠나 돌 등을 불에 대어 뜨겁게 하다.

❹ [ㄷ][ㄹ] (對 대답할 대, 流 흐를 류)
: 기체나 액체에서, 물질이 이동함으로써 열이 전달되는 현상.

❺ [ㅅ][ㅇ] (水 물 수, 溫 따뜻할 온)
: 물의 온도.

❻ [ㅇ][ㄹ] **하다**
: 대강 짐작으로 헤아리다.
비슷한말 가늠하다

❼ [ㅇ][ㄷ][ㄱ] (溫 따뜻할 온, 度 법도 도, 計 꾀할 계): 물체의 온도를 재는 기구.

❽ [ㅈ][ㄷ] (傳 전할 전, 導 이끌 도)
: 열 또는 전기가 물체 속을 이동하는 일. 또는 그런 현상.

1 다음 낱말의 뜻으로 알맞은 것을 **보기**에서 찾아 기호를 쓰세요.

어휘
확인

보기

ㄱ 대강 짐작으로 헤아리다.
ㄴ 물체의 온도를 재는 기구.
ㄷ 어떤 물질에 열을 가하다.
ㄹ 타지 않는 고체인 쇠나 돌 등을 불에 대어 뜨겁게 하다.

(1) 달구다 …… (   )   (2) 온도계 …… (   )

(3) 어림하다 … (   )   (4) 가열하다 … (   )

2 다음 낱말의 뜻을 찾아 선으로 이으세요.

어휘
확인

(1) 전도 •

• ㉮ 열 또는 전기가 물체 속을 이동하는 일. 또는 그런 현상.

(2) 대류 •

• ㉯ 기체나 액체에서, 물질이 이동함으로써 열이 전달되는 현상.

3 다음 중 밑줄 친 낱말을 잘못 사용한 문장을 찾아 기호를 쓰세요.

어휘
적용

ㄱ 우리 집은 단열이 잘되어서 겨울에는 몹시 춥다.
ㄴ 우리 집에서 학교까지는 어림하여 300미터 정도 된다.
ㄷ 뜨겁게 달군 프라이팬에 고기를 구워 함께 나눠 먹었다.

(   )

4 다음 문장에 어울리는 낱말을 찾아 ○표 하세요.

어휘
적용

(1) 뜨거운 국에 담가 놓은 숟가락이 뜨거워지는 까닭은 열의 (전도, 측정) 때문이다.

(2) 뜨거운 물이 윗부분으로 올라가면서 차가운 물이 밑으로 내려가는 (단열, 대류) 현상으로 물이 전체적으로 끓게 된다.

5 다음 빈칸에 공통으로 들어갈 낱말로 알맞은 것은 무엇인가요? (   )

어휘
적용

> 엘니뇨란 적도 부근의 (   )이/가 올라가는 현상으로, 바다 표면의 온도가 평균보다 0.5℃ 이상 높은 현상이 지속되는 상태를 말해요. 반대로 라니냐는 적도 부근의 (   )이/가 내려가는 현상으로, 바다 표면의 온도가 평균보다 0.5℃ 이상 낮은 현상이 지속되는 상태를 말해요.

① 단열   ② 대류   ③ 수온
④ 전도   ⑤ 측정

6 다음 글에서 밑줄 친 낱말과 뜻이 반대인 낱말을 찾아 쓰세요.

어휘
확장

> 금속 제품을 만들기 위해서는 먼저 고온에서 금속을 <u>가열하여</u> 녹인 다음 만들고자 하는 틀에 부어 일정한 형체를 만듭니다. 이후 빠르게 냉각하여 내구성을 높여 고정된 형태를 얻습니다.

(   )

관용 표현

7 다음 글에서 밑줄 친 속담과 뜻이 비슷한 한자 성어를 찾아 ○표 하세요.

> '<u>언 발에 오줌 누기</u>'라는 속담은 열의 **전도**에 대한 원리를 담고 있다. 발이 얼었을 때 발을 따뜻하게 하기 위해 오줌을 누면 잠시 따뜻하겠지만, 이내 오줌이 얼어붙어 오줌 누기 전보다 훨씬 더 춥게 된다. 즉, 그 효력이 오래가지 못할 뿐만 아니라 결국에는 사태가 더 나빠짐을 비유적으로 이를 때 이 속담을 사용한다.
> 이러한 현상은 액체가 기체보다 열을 더 빠르게 전달하기 때문에 일어난다. 주변의 공기가 차가울 때, 기체는 냉기를 전달하는 속도가 늦는 반면, 액체는 기체보다 수백 배 빠르게 냉기를 전달한다. 그렇기 때문에 액체인 오줌이 냉기를 빠르게 전달해 잠시 따뜻했던 발이 이전보다 훨씬 더 차게 되는 것이다.

(1) 역지사지(易地思之): 처지를 바꾸어서 생각하여 봄.   (   )

(2) 전화위복(轉禍爲福): 재앙과 근심, 걱정이 바뀌어 오히려 복이 됨.   (   )

(3) 임시방편(臨時方便): 갑자기 터진 일을 우선 간단하게 둘러맞추어 처리함.   (   )

독해로
어휘 마무리

오늘의
나의 실력은?

최고야   좋았어   힘내자

7주 1일
정답 확인

[8~9] 다음 설명하는 글을 읽고, 물음에 답하세요.

끓는 물을 계속 ㉠**가열할** 때 물의 온도는 어떻게 변할까? 계속 열을 가하는 만큼 **수온**도 점점 올라갈까? 대답부터 하면 그렇지 않다.

물을 담은 냄비에 물의 온도를 측정하기 위한 **온도계**를 넣고 가스레인지에 올려 보자. 가스레인지의 불을 켜면 열에너지로 인해 점차 물의 온도가 상승한다. 물이 끓기 전까지는 물의 온도가 서서히 올라가는 것을 온도계에서 볼 수 있다. 데워진 냄비 하부의 물은 온도가 높아지면서 밀도가 작아지고, 밀도가 작아진 물은 위로 상승한다. 반대로 냄비 상부에 있는 물은 덜 데워져 상대적으로 밀도가 크고, 이 물은 아래로 하강한다. 이러한 과정이 되풀이되는 **대류** 과정을 거치면서 냄비에 있는 물 전체가 끓게 된다.

이렇게 물이 끓기 시작하는 때가 약 100℃ 정도이다. 그런데 물의 온도를 재기 위한 온도계를 계속 살펴보아도 물의 온도는 여전히 100℃인 것을 볼 수 있다. 물이 끓기 시작한 뒤로는 물을 계속 데울 때에도 물의 온도가 올라가지 않고 유지되는 까닭은 무엇일까? 그것은 바로 물이 수증기라는 기체 상태로 변화하기 때문이다.

물은 100℃에 이르면 수증기로 변하게 된다. 물의 온도가 계속 올라가려면 더 많은 열에너지가 필요한데, 열에너지가 온도 변화가 아닌 물에서 수증기로의 상태 변화에 쓰이기 때문에 물의 온도가 100℃에서 더 이상 올라가지 못하고 일정하게 유지되는 것이다.

◆ **유지되는:** 어떤 상태나 상황이 그대로 보존되거나 변함없이 계속되어 지탱되는.

8 이 글에서 ㉠ '가열할'과 뜻이 비슷한 낱말을 찾아 쓰세요.

(   )

9 이 글의 내용을 다음과 같이 정리할 때 빈칸에 들어갈 알맞은 내용에 ○표 하세요.

물을 계속 끓여도 더 이상 온도가 올라가지 않는 까닭은 (   ) 때문이다.

(1) 물이 가열되면서 물이 점점 차가워지기   (   )

(2) 열에너지가 물을 기체 상태로 변화시키는 데에 소모되기   (   )

(3) 물에는 끓기 시작하면 더 이상 열이 통하지 않도록 막는 성질이 있기   (   )

 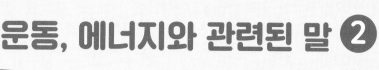

✏️ 다음 낱말의 뜻을 보고, 초성에 알맞은 말을 써서 대화를 완성하세요.

어제 아빠가 운전하시는 차를 타고 가다가 앞차가 갑자기 멈춰서 ㅊㄷ 할 뻔했어. 다행히 아빠께서 ㅈㅎ 하던 차를 빠르게 ㅈㄷ 하셨어.

큰일 날 뻔했구나! 목적지에는 무사히 ㄷㄷ 했니?

응. 가족들과 함께 미래 놀이공원에 가서 빠른 ㅅㄹ 으로 ㄴㅎ 하는 롤러코스터를 탔어. 무서웠지만 이상을 ㄱㅈ 하는 장치가 있어 문제가 생기면 자동으로 멈춘다는 말을 듣고 안심했어.

그랬구나. 나도 그 놀이공원에 가 봤어. 왔다 갔다 ㅇㅂ 하는 바이킹을 탔던 기억이 나.

오늘의 어휘

● **감지**(感 느낄 감, 知 알 지)**하다**: 느끼어 알다.

● **낙하**(落 떨어질 낙, 下 아래 하)**하다**: 높은 데서 낮은 데로 떨어지다.　비슷한말　떨어지다, 추락하다

● **도달**(到 다다를 도, 達 통할 달)**하다**: 목적한 곳이나 수준에 다다르다.
　비슷한말　다다르다, 닿다, 도착하다

● **속력**(速 빠를 속, 力 힘 력): 속도의 크기. 또는 속도를 이루는 힘.

● **왕복**(往 갈 왕, 復 돌아올 복)**하다**: 갔다가 돌아오다.

● **제동**(制 억제할 제, 動 움직일 동)**하다**: 기계나 자동차 등의 운동을 멈추게 하다.

● **주행**(走 달릴 주, 行 다닐 행)**하다**: 주로 동력으로 움직이는 자동차나 열차 등이 달리다.

● **충돌**(衝 찌를 충, 突 부딪칠 돌)**하다**: 서로 맞부딪치거나 맞서다.　비슷한말　부딪치다

1 다음 낱말의 뜻에 알맞은 낱말을 찾아 ○표 하세요.

어휘
확인

(1) 왕복하다 갔다가 (돌아오다, 사라지다).

(2) 속력 (속도, 소리)의 크기. 또는 속도를 이루는 힘.

(3) 제동하다 기계나 자동차 등의 운동을 (멈추게, 이어지게) 하다.

2 다음 낱말의 뜻으로 알맞은 것을 찾아 ○표 하세요.

어휘
확인

(1) 낙하하다
ㄱ 느끼어 알다. ( )
ㄴ 높은 데서 낮은 데로 떨어지다. ( )

(2) 주행하다
ㄱ 서로 맞부딪치거나 맞서다. ( )
ㄴ 주로 동력으로 움직이는 자동차나 열차 등이 달리다. ( )

3 다음 문장에 어울리는 낱말을 찾아 ○표 하세요.

어휘
적용

(1) 무중력 공간에서는 사물이 (감지, 낙하)하지 않는다.

(2) 한눈을 팔고 자전거를 타다가 다른 자전거와 (주행, 충돌)하여 넘어졌다.

4 다음 글의 ㉠, ㉡에 들어갈 낱말이 모두 알맞은 것은 무엇인가요? ( )

어휘
적용

상어가 가진 '로렌치니 암폴라'라는 기관은 먹잇감에서 발생하는 미량의 전기 신호를
(㉠)하여 먹이의 위치, 크기, 방향 등을 파악할 수 있게 합니다. 이것을 활용하여
상어는 어두운 물이나 땅바닥에 있는 먹이에 쉽게 (㉡)합니다.

	㉠	㉡			㉠	㉡
①	감지	도달		②	감지	제동
③	낙하	도달		④	도달	제동
⑤	충돌	주행				

5 다음 대화에서 밑줄 친 낱말을 잘못 사용한 친구의 이름을 쓰세요.

어휘
적용

> 보현: 겨울철에 빙판길을 <u>주행할</u> 때에는 반드시 감속 운전을 해야 해.
>
> 재아: 또 빙판길에서는 차가 <u>제동하다가</u> 미끄러져 사고가 날 수도 있어.
>
> 유선: 그러다가 다른 차와 <u>감지하면</u> 더욱 큰 사고로 이어질 수 있으니까 정말 조심해야 돼.

(   )

6 다음 밑줄 친 낱말과 뜻이 비슷한 낱말을 찾아 선으로 이으세요.

어휘
확장

(1) 큰 유성이 대기를 뚫고 지상으로 <u>낙하했다</u>.   ·

  · ㉮ 부딪쳤다

(2) 중앙선을 넘어간 승용차가 마주 오던 트럭과 정면으로 <u>충돌했다</u>.   ·

  · ㉯ 떨어졌다

관용 표현

7 다음 글의 빈칸에 들어갈 내용으로 알맞은 것을 찾아 ○표 하세요.

‘마루 넘은 수레 내려가기’라는 속담이 있어. 여기에서 ‘마루’는 ‘등성이를 이루는 지붕이나 산 등의 꼭대기.’를 말해. 그곳을 힘들게 넘은 수레가 아래로 내려갈 때에는 점점 가속도가 붙어서 **속력**이 굉장히 빠르겠지? 즉, 이 속담은 [   ]을 이를 때 쓰는 말이야.

(1) 나날이 다달이 자라거나 발전함   (   )

(2) 사물의 진행 속도나 형세가 걷잡을 수 없이 매우 빠름   (   )

(3) 간단한 말로도 상대를 감동시키거나 남의 약점을 찌를 수 있음   (   )

독해로
어휘 마무리

오늘의
나의 실력은?

 최고야   좋았어   힘내자

7주 2일
정답 확인

[8~9] 다음 생활문을 읽고, 물음에 답하세요.

　　명절을 맞아 부산에 계신 할머니 댁에 갔다가 서울로 돌아오는 길은 멀고도 지루하였다. 도로에 꽉 들어찬 차량 행렬은 끝이 보이지 않았고, 차는 가는 둥 안 가는 둥 제자리걸음이었다. 꾸벅꾸벅 졸고 있는 엄마와 동생 유현이를 보며 유하도 잠을 자고 싶었지만, 연신 하품을 하시는 아빠가 마음에 걸렸다.

　　"아빠, 알아서 집까지 운전해 주는 자동차가 있으면 얼마나 좋을까요?"

　　"자율 주행 자동차 말이니? 유하 네가 어른이 되면 그런 자동차를 탈 수 있을지도 모르지."

　　유하는 아빠의 말에 깜짝 놀라 잠이 깨는 듯하였다.

　　"그런 자동차가 정말 있다고요?"

　　"자율 주행 자동차는 운전자가 직접 조작하지 않아도 **주행할** 수 있는 자동차란다. 지금 세계 각국에서 열심히 연구 중에 있지. 자율 주행 자동차에는 주위에 있는 것들을 **감지할** 수 있는 센서가 있단다. 이 센서가 사람의 눈 같은 역할을 해서 자동차 주위에 있는 다른 자동차나 사람, 그리고 위험 요소 등을 실시간으로 감지해. 그래서 그것들과 **충돌하지** 않도록 속도를 제어하고 알아서 **제동하며** 주행하지. 그리고 GPS(지피에스)를 사용해서 현재의 위치와 목적지까지 가는 최적의 경로를 탐색하고, 목적지에 ㉠**도달하게** 해 준단다. 아직 완벽하지는 않아 사용에 주의해야 하지만 이미 일부 자동차에는 자율 주행 기능이 탑재되어 있어. 앞으로 점점 더 ◆상용화가 될 거야."

　　유하는 머릿속으로만 생각했던 자동차를 직접 타게 될지도 모른다고 생각하자 가슴이 뛰었다. 하루라도 빨리 자율 주행 자동차의 상용화가 이루어지면 좋겠다고 생각하였다.

　◆**상용화:** 물품이나 기술 등이 일상적으로 쓰이게 됨. 또는 그렇게 만듦.

8　㉠'도달하게'와 뜻이 비슷한 낱말을 모두 고르세요. (　　　,　　　)

① 다다르게　　　　② 다양하게　　　　③ 다정하게

④ 도사리게　　　　⑤ 도착하게

9　이 글에서 짐작할 수 있는 내용으로 알맞은 것에 모두 ○표 하세요.

(1) 세계 다른 나라에서는 자율 주행 자동차가 보편화되어 있다.　　　　(　　　)

(2) 자율 주행 자동차에 달린 센서가 주변을 감지하는 역할을 한다.　　　　(　　　)

(3) 자율 주행 자동차는 운전자가 직접 조작하지 않고도 주행할 수 있다.　　　　(　　　)

운동, 에너지와 관련된 말 ❸

✏️ 다음 낱말의 뜻을 보고, 밑줄 친 낱말을 알맞게 사용하였으면 ○표, 잘못 사용하였으면 ✕표 하세요.

감전(感 느낄 감, 電 번개 전)
전기가 통하고 있는 물체가 몸에 닿아 충격을 받음.
예 전자기기를 만질 때에는 안전 수칙을 지키고 감전에 주의해야 한다.

누전(漏 샐 누, 電 번개 전)
전기가 전깃줄 밖으로 새어 흐름.
예 우리 집에는 누전을 막기 위한 차단기가 설치되어 있다.

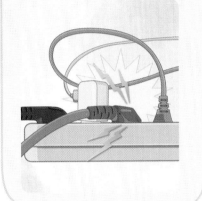

도체(導 이끌 도, 體 몸 체)
금·은같이 열이나 전기 등을 잘 통하게 하는 물체.
반대말 부도체
예 철사는 도체라서 전기가 잘 통하지만 고무줄은 전기가 잘 통하지 않는다.

병렬(竝 아우를 병, 列 벌일 렬)
전지나 전구 여러 개를 같은 극끼리 두 개 이상의 길로 연결하는 방법.
예 전지를 병렬로 연결하면 더 오래 사용할 수 있다.

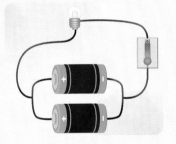

전류(電 번개 전, 流 흐를 류)
전기가 흐르는 현상이나 그 정도.
예 이 철조망에는 고압 전류가 흐르니 만지지 않도록 조심해야 한다.

전자석(電 번개 전, 磁 자석 자, 石 돌 석)
전류가 흐르면 자기화되고, 전류를 끊으면 원래의 상태로 돌아가는 일시적 자석.
예 쇠못 둘레에 에나멜선을 감아 전자석을 만들었다.

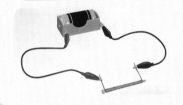

직렬(直 곧을 직, 列 벌일 렬)
전지나 전구 여러 개를 서로 다른 극끼리 한 길로 연결하는 방법.
예 전지를 직렬로 연결하면 전구의 밝기를 밝게 만들 수 있다.

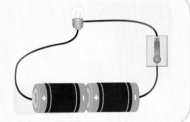

합선(合 합할 합, 線 선 선)
전류가 흐르는 두 선이 사고로 직접 맞붙는 일.
예 합선으로 인한 화재가 발생했다.

고무는 도체라서
전기가 잘 통하지 않아.

윤정

누전 때문에
불이 날 뻔했대.

지혁

합선이 되면 안전하게 전기를
쓸 수 있으니까 걱정 마.

정아

1 다음 낱말의 뜻을 찾아 선으로 이으세요.

어휘
확인

(1) 병렬 •

(2) 직렬 •

• ㉮ 전지나 전구 여러 개를 서로 다른 극끼리 한 길로 연결하는 방법.

• ㉯ 전지나 전구 여러 개를 같은 극끼리 두 개 이상의 길로 연결하는 방법.

2 다음 낱말의 뜻에 알맞은 낱말을 **보기**에서 찾아 쓰세요.

어휘
확인

보기

선, 자석, 자기화

(1) 전류: (　　　　　　　　)이/가 흐르는 현상이나 그 정도.

(2) 합선: 전류가 흐르는 두 (　　　　　　　　)이/가 사고로 직접 맞붙는 일.

(3) 전자석: 전류가 흐르면 (　　　　　　　　)되고, 전류를 끊으면 원래의 상태로 돌아가는 일시적 자석.

3 다음 문장에 어울리는 낱말을 찾아 ○표 하세요.

어휘
적용

(1) 오래된 건물은 (누전, 도체)(으)로 인한 감전 사고의 위험이 크다.

(2) 초인종 안에는 전류가 흐를 때만 자석의 성질을 띠는 (감전, 전자석)이 들어 있다.

4 다음 중 빈칸에 '감전'이 들어가기에 알맞지 <u>않은</u> 문장을 찾아 기호를 쓰세요.

어휘
적용

㉠ 콘센트에는 항상 (　　　　　　)이 흐르기 때문에 주의해야 한다.

㉡ 물에 젖은 손으로 콘센트를 만지면 (　　　　　　)의 위험이 있다.

㉢ 오래되거나 손상된 전선을 사용하면 (　　　　　　) 사고가 날 수 있다.

(　　　　　　　　)

5 다음 문장에 어울리는 낱말을 [보기]에서 찾아 쓰세요.

[보기]

도체, 전류, 합선

(1) 전구 안에는 전류가 잘 흐르는 (　　　　　　　　　　)이/가 있다.

(2) (　　　　　　　　)이/가 되었는지 집 안의 모든 불이 꺼졌다.

(3) 전신주에는 고압 (　　　　　　　)이/가 흐르는 전선이 매달려 있다.

6 다음 글에서 뜻이 반대인 낱말을 바르게 짝 지은 것은 무엇인가요? (　　　　　)

　　낙뢰를 맞은 나무는 불에 타거나 쪼개지는 반면에 피뢰침은 낙뢰를 맞아도 아무런 변화가 없다. 피뢰침은 전기가 잘 통하는 도체이기 때문에 전류를 흡수하고 땅속으로 전류를 흐르게 하여 벼락을 피한다. 하지만 나무는 전기가 통하지 않는 부도체이므로 전류가 흐를 수 있는 길이 없어 전류가 빠져나가지 못하기 때문에 타거나 박살 나게 되는 것이다.

① 낙뢰 – 벼락　　　　② 도체 – 전류　　　　③ 흡수 – 변화

④ 나무 – 피뢰침　　　⑤ 도체 – 부도체

관용 표현

7 다음 밑줄 친 한자 성어를 알맞게 사용한 문장에 모두 ○표 하세요.

　　인류가 가장 처음 접한 전기인 번개는 매우 높은 전압과 **전류**를 동반합니다. 번개가 칠 때 우리 눈에 순식간에 번쩍이는 빛을 가리켜 '번갯불'이라고 하는데, 이러한 번갯불의 속성을 활용한 한자 성어가 있습니다.

　　'전광석화'라는 한자 성어는 번갯불이나 부싯돌의 불이 번쩍거리는 것과 같이 매우 짧은 시간이나 매우 재빠른 움직임 등을 비유적으로 이르는 말입니다. 순식간에 번쩍이는 번갯불의 특성이 드러난 표현이지요.

(1) 우리 가족은 <u>전광석화</u>로 여유롭게 여행을 즐겼다.　　　　　　　　　(　　　　)

(2) 홍길동은 <u>전광석화</u>처럼 동에 번쩍 서에 번쩍 하였다.　　　　　　　(　　　　)

(3) 언니는 용돈을 어디에 쓸지 <u>전광석화</u>와 같이 빠르게 결정하였다.　　(　　　　)

독해로
어휘 마무리

오늘의
나의 실력은?

최고야 좋았어 함내자

7주 3일
정답 확인

[8~9] 다음 주장하는 글을 읽고, 물음에 답하세요.

우리는 ㉠**감전**으로 사람이 사망했다는 사고를 종종 뉴스에서 접합니다. 2023년 한국전기안전공사의 「감전 재해 조사」 자료를 보면 2015년부터 8년간 감전 사고로 인한 사상자 수는 약 3,900명에 이릅니다. 이러한 사고는 고압선을 다루는 특별한 사람에게만 일어나는 일이 아닙니다. 감전은 전압보다는 신체에 흐르는 **전류**의 영향을 받기 때문에 낮은 전압에서도 감전에 의한 사고가 일어날 수 있습니다. 그러므로 사고 예방을 위한 안전 상식을 잘 알아 두어야 합니다.

우리 몸에 같은 양의 전류가 들어와도 몸의 저항이 줄어들면 몸에 흐르는 전류는 늘어납니다. 우리 몸이 건조할 때에 비해 수분이 있을 때에는 전기 저항이 약 $\frac{1}{500}$로 감소하여 몸에 흐르는 전류가 약 500배 증가하게 됩니다. 그러므로 전기 기구를 만질 때에는 절대로 젖은 손으로 만져서는 안 됩니다.

또한, 오래되고 낡은 전기 기구는 ㉡**누전**이 되기 쉬우므로 새로운 것으로 교체해야 하고, 가정에 설치된 누전 차단기가 정상적으로 작동하는지 자주 점검해야 합니다. 또한, 멀티탭 하나에 너무 많은 전기 기구를 연결하면 한꺼번에 많은 전류가 흘러 누전될 수 있으므로 사용하지 않는 것은 플러그를 빼 두도록 합니다.

일상생활에서 편리하게 사용하는 전기가 우리의 안전한 생활을 위협하지 않도록 항상 주의를 기울이도록 합시다.

◆ **저항:** 도체에 전류가 흐르는 것을 방해하는 작용. ◆ **멀티탭:** 여러 개의 플러그를 꽂을 수 있게 만든 이동식 콘센트.

8 ㉠, ㉡을 다음과 같이 바꾸어 쓸 때, 빈칸에 공통으로 들어갈 낱말을 이 글에서 찾아 쓰세요.

- ㉠ 감전: (   )이/가 통하고 있는 물체가 몸에 닿아 충격을 받음.
- ㉡ 누전: (   )이/가 전깃줄 밖으로 새어 흐름.

(   )

9 이 글에서 짐작할 수 있는 내용으로 알맞은 것에 ○표 하세요.

(1) 감전은 신체에 흐르는 전류보다 전압의 영향을 많이 받는다. (   )

(2) 몸에 수분이 있을 때에 비해 건조할 때 전기 저항이 늘어난다. (   )

(3) 멀티탭 하나에 많은 전기 기구를 연결해서 사용하는 것이 안전하다. (   )

운동, 에너지와 관련된 말 4

✏️ 다음 낱말의 뜻을 보고, 말풍선에서 알맞은 낱말을 찾아 ○표 하세요.

1 동력(動 움직일 동, 力 힘 력)
: 전기 또는 자연에 있는 에너지를 쓰기 위하여 기계적인 에너지로 바꾼 것.
예 전기 자동차는 전기를 <u>동력</u>으로 움직인다.

2 매장(埋 묻을 매, 藏 감출 장)
: 지하자원 등이 땅속에 묻히어 있음.
반대말 발굴
모양이 같은 말 매장: 물건을 파는 장소.
예 중동은 대표적인 석유 <u>매장</u> 지역이다.

3 손실(損 덜 손, 失 잃을 실)**되다**
: 잃어버리게 되거나 줄어서 손해가 생기다.
예 영양분이 <u>손실되지</u> 않도록 음식을 골고루 먹어야 한다.

4 에너지
: 어떠한 것이 가지고 있는, 일을 할 수 있는 힘.
예 태양의 빛 <u>에너지</u>로 전기를 만들 수 있다.

5 연료(燃 탈 연, 料 헤아릴 료)
: 태워서 빛이나 열을 내거나 기계를 움직이는 에너지를 얻을 수 있는 물질.
예 난방기의 <u>연료</u>가 떨어져서 난방을 할 수 없었다.

6 원전(原 근원 원, 電 번개 전)
: 원자력 발전소를 줄여서 이르는 말.
예 <u>원전</u>에서는 전기를 대량으로 생산한다.

7 재생(再 다시 재, 生 날 생)**하다**
: 낡거나 못 쓰게 된 물건을 가공하여 다시 쓰게 하다.
예 우유팩을 <u>재생해서</u> 화장지를 만들 수 있다.

8 정전(停 머무를 정, 電 번개 전)
: 오던 전기가 끊어짐.
예 <u>정전</u>이 되어 건물 전체가 어둠에 잠겼다.

앗, (정전, 에너지)인가 봐요!
손전등을 찾아봐야겠구나.
(1)

우리 자동차는 휘발유를 (연료, 원전)(으)로 이용한단다.
(2)

1 다음 낱말의 뜻으로 알맞은 것을 보기 에서 찾아 기호를 쓰세요.

어휘
확인

보기
> ㉠ 지하자원 등이 땅속에 묻히어 있음.
> ㉡ 잃어버리게 되거나 줄어서 손해가 생기다.
> ㉢ 낡거나 못 쓰게 된 물건을 가공하여 다시 쓰게 하다.
> ㉣ 태워서 빛이나 열을 내거나 기계를 움직이는 에너지를 얻을 수 있는 물질.

(1) 매장 ········ (   )   (2) 연료 ········ (   )

(3) 손실되다 ··· (   )   (4) 재생하다 ··· (   )

2 다음 밑줄 친 부분과 바꾸어 쓸 수 있는 낱말을 찾아 ○표 하세요.

어휘
확인

(1) 일본에서는 지진이 발생하면서 <u>원자력 발전소</u>가 바닷물에 잠겼다.

➡ (연료, 원전)

(2) 폭염으로 냉방기가 한꺼번에 가동되면서 <u>전기 끊김</u> 사태가 일어났다.

➡ (동력, 정전)

3 다음 빈칸에 공통으로 들어갈 알맞은 낱말을 쓰세요.

어휘
적용

> • 적정한 실내 온도를 유지하는 것은 [ ][ ][ ]을/를 아끼는 일이다.
>
> • 전자 제품을 구매할 때에는 [ ][ ][ ] 효율 등급이 높은 것으로 산다.
>
> • 사용하지 않는 전자 제품의 플러그를 꽂아 두면 [ ][ ][ ]이/가 낭비된다.

(   )

4 다음 중 밑줄 친 낱말을 알맞게 사용한 문장에 모두 ○표 하세요.

어휘
적용

(1) 이것은 폐식용유를 <u>재생하여</u> 만든 무공해 비누이다.   (   )

(2) 우리의 문화재가 자꾸 <u>손실되어</u> 가는 것이 안타깝다.   (   )

(3) 전기 자동차는 전기를 <u>정전</u>으로 전동기를 움직여서 달리게 한다.   (   )

5 다음 중 빈칸에 '동력'이 들어가기에 알맞은 문장을 찾아 기호를 쓰세요.

어휘
적용

> ㉠ ( )은 석탄이나 석유, 천연가스처럼 주로 열에너지를 얻기 위해 연소시키는 물질이다.
> ㉡ ( ) 기술의 발전이 인류의 기계 문명에 큰 공헌을 한 것은 사실이지만, 한편으로는 환경 오염이나 자원의 낭비 등을 야기시켰다.

( )

6 다음 글에서 밑줄 친 낱말과 뜻이 반대인 낱말을 찾아 쓰세요.

어휘
확장

영국의 땅과 바다에 있는 어마어마한 양의 석유 매장 여부를 알게 된 프랑스는 자국의 땅과 바다에서도 ◆유전을 발굴할 수 있을 것이라고 기대하였다. 그래서 유전 발굴 작업에 온갖 노력을 다하였으나 북해와 지중해에서 석유를 조금 발굴한 것 외에는 많은 양을 찾아내지 못하였다.

◆ **유전:** 석유가 나는 곳.

( )

7 다음 빈칸에 들어갈 밑줄 친 속담의 뜻은 무엇인가요? ( )

낙숫물은 '처마 끝에서 떨어지는 물.'을 말하고, '댓돌'은 '집의 낙숫물이 떨어지는 곳 안쪽으로 돌려 가며 놓은 돌.'을 말합니다. 처마 끝에 매달린 물은 위치 **에너지**를 갖고 있고 아래로 뚝 떨어지면서 위치 에너지가 운동 에너지로 바뀝니다. '낙숫물이 댓돌을 뚫는다'라는 속담은 낙숫물이 댓돌에 처음 부딪칠 때에는 변화가 없는 것 같지만 낙숫물이 댓돌에 지속적으로 계속 부딪치다 보면 댓돌이 조금씩 점점 패이게 되어 나중에는 구멍이 뚫린다는 뜻으로, [   ]을/를 비유적으로 이를 때 쓰는 말입니다.

① 헤프게 쓰지 않고 아끼는 사람이 재산을 모으게 됨
② 작은 힘이라도 꾸준히 계속하면 큰일을 이룰 수 있음
③ 앞으로 나아가거나 발전하지 못하고 제자리걸음만 함
④ 어떤 일이 일어나기 전에 미리 앞을 내다보고 아는 지혜
⑤ 강한 자들끼리 싸우는 통에 아무 상관도 없는 약한 자가 중간에 끼어 피해를 입게 됨

독해로
어휘 마무리

오늘의
나의 실력은?

최고야 좋았어 힘내자

7주 4일
정답 확인

[8~9] 다음 글을 읽고, 물음에 답하세요.

재생 **에너지**란 태양열, 수력, 풍력, 조력, 지열과 같이 계속 써도 무한에 가깝도록 다시 공급되는 에너지를 말합니다. 이것이 기후 변화 문제와 ㉠**매장** 중인 화석 **연료**의 고갈 문제 등을 해결할 수 있기 때문에 세계 각국에서는 재생 에너지 개발에 힘을 쏟고 있습니다.

그런데 우리 선조들은 수백 년 전에 이미 재생 에너지 중 하나인 태양열을 이용한 온실을 사용했다는 기록이 발견되었습니다. 세계 최초의 온실이라고 하는 독일의 '하이델베르크 온실(1619)'보다 무려 170년이나 앞서 온실을 만든 기록이 세조 때 어의였던 전순의가 쓴『산가요록』에 남아 있습니다. 무엇보다 조선의 온실은 자연 그대로를 이용하여 환경을 조금도 오염시키지 않았습니다. 독일 온실의 경우에는 난로를 두어 열기를 만들었기 때문에 지속적으로 연료를 때야 했습니다. 그 결과 지나치게 많은 석탄을 소비하였고, 석탄을 태우면서 유독 가스가 발생하기도 하였습니다. 기록에 따르면 조선 온실은 남쪽을 제외한 삼면에 벽을 쌓고 바닥은 구들로 만들었으며 햇빛을 최대한 받기 위해 남쪽 천장을 45도로 경사지게 만들었습니다. 그리고 여기에 들기름 먹인 한지를 붙여 빛의 투과성은 높이면서도 온실로 들어온 태양열이 **손실되는** 것을 최소화하는 과학적인 구조로 설계되었습니다.

선조들에게는 자연을 해치지 않고 자연과 공존하는 삶의 지혜가 있었던 것입니다. 우리도 아름다운 환경을 후손들에게 물려주기 위해 재생 에너지 개발에 더욱 관심을 기울여야겠습니다.

◆ **어의**: 궁궐 내에서, 임금이나 왕족의 병을 치료하던 의원.

8 ㉠ '매장'과 같은 뜻으로 밑줄 친 낱말 '매장'이 사용된 문장을 찾아 기호를 쓰세요.

㉮ 옷을 파는 매장에 가서 예쁜 새 옷을 샀다.
㉯ 우리나라의 매장 자원을 알아보기 위한 연구가 시작되었다.

(   )

9 조선의 온실에 대한 설명으로 알맞은 것에 모두 ○표 하세요.

(1) 난로를 두어 온실 내부를 따뜻하게 했다.   (   )

(2) 하이델베르크 온실보다 170년이나 앞서 만들었다.   (   )

(3) 들기름 먹인 한지를 붙여 태양열이 많이 들어오도록 하였다.   (   )

운동, 에너지와 관련된 말

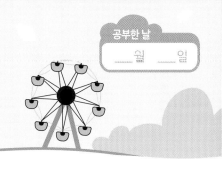

✏️ 다음 뜻에 알맞은 낱말을 가로, 세로, 대각선으로 찾아 연결하세요.

속	력	측	정	합	선	연	부	감
주	행	직	병	주	어	대	료	지
정	누	상	렬	상	림	에	길	하
원	전	구	재	생	하	현	너	다
수	온	낙	하	하	다	제	동	복
두	체	대	류	매	하	전	자	석
태	단	열	충	돌	장	달	도	계

1 느끼어 알다.

2 오던 전기가 끊어짐.

3 대강 짐작으로 헤아리다.

4 높은 데서 낮은 데로 떨어지다.

5 속도의 크기. 또는 속도를 이루는 힘.

6 열 또는 전기가 물체 속을 이동하는 일. 또는 그런 현상.

7 전지나 전구 여러 개를 서로 다른 극끼리 한 길로 연결하는 방법.

8 물체와 물체 사이에 열이 서로 통하지 않도록 막음. 또는 그렇게 하는 일.

9 태워서 빛이나 열을 내거나 기계를 움직이는 에너지를 얻을 수 있는 물질.

10 전류가 흐르면 자기화되고, 전류를 끊으면 원래의 상태로 돌아가는 일시적 자석.

[1~2] 다음 글의 밑줄 친 부분의 뜻을 가진 낱말을 찾아 √표 하세요.

1

보온병은 물의 온도를 일정하게 유지하도록 만든 병으로, 보온병 내부와 외부의 열이 서로 통하지 않도록 막는 것이 핵심입니다. 보온병 벽은 이중으로 하고 벽 사이의 공기를 빼 진공 상태를 만들어 열의 이동을 최소화하도록 설계합니다.

① 가열   ② 단열   ③ 대류
④ 연료   ⑤ 전도

2

지구는 커다란 연료 탱크와 같습니다. 인류는 석탄, 석유, 천연가스 등 깊은 땅속에 묻혀 있는 자원들을 꺼내어 사용합니다. 하지만 이 지하자원도 언젠가는 고갈될 수 있으므로 이를 대체할 수 있는 에너지를 개발해야 합니다.

① 동력   ② 매장   ③ 연료
④ 원전   ⑤ 에너지

[3~4] 다음 글에서 밑줄 친 낱말과 뜻이 비슷한 낱말을 찾아 쓰세요.

3

"오늘은 다양한 물건의 무게를 어림해 보고, 직접 저울로 무게를 측정하여 내가 어림한 무게와 얼마큼 차이가 나는지 비교해 볼 거예요. 무게는 부피가 같더라도 재질에 따라 달라지기 때문에 직접 만지고 들어 보아야 가늠해 볼 수 있어요."

(   )

4

"오늘은 수산화칼슘의 용해도 실험을 해 볼 거예요. 먼저, 비커에 물과 수산화칼슘을 넣어 수산화칼슘 수용액을 만들어요. 그런 다음 거름종이에 수산화칼슘 수용액을 걸러 주고요. 걸러진 수산화칼슘 수용액을 가열하면서 나타나는 변화를 관찰합니다. 점점 뿌얘지는 것이 보이죠? 용매인 물을 데우면서 온도가 높아지면, 수산화칼슘의 용해도는 감소하기 때문이랍니다."

◆**용해도:** 일정한 온도에서 일정한 양의 용매에 녹을 수 있는 물질의 최대의 양.
◆**용매:** 어떤 액체 물질을 녹여서 용액을 만들 때 그 액체를 가리키는 말.

(   )

[5~6] 다음 글의 [ ]에 들어갈 알맞은 낱말을 찾아 ○표 하세요.

5

길에서 흔하게 볼 수 있는 전동 킥보드에 대한 사고 우려가 점점 높아지고 있습니다. 오래된 배터리가 장착된 킥보드를 타거나, 전선의 피복이 벗겨진 전동 킥보드를 비가 오는 날 탈 경우 누전에 의한 [감전 | 대류 | 정전] 가능성이 있다는 것입니다.

6

전지는 양극, 음극, 그리고 그 사이에 있는 전해질이라는 세 부분으로 구성되어 있습니다. 전해질은 양극과 음극 사이에서 일종의 통로 역할을 하며 화학 반응을 일으켜 [병렬 | 전류 | 합선] 을/를 만듭니다. 우리가 사용하는 스마트폰, 노트북, 손전등, 장난감 등에도 쓰입니다.

[7~8] 다음 글의 밑줄 친 낱말을 넣어 문장을 만들어 쓰세요.

이제 더 이상 스마트폰을 떨어뜨려서 액정이 깨질 것을 걱정하지 않아도 됩니다. 이번에 우리 회사에서 개발한 스마트폰에는 낙하를 <u>감지하면</u>, 스마트폰 스스로 바닥과 <u>충돌하였을</u> 때의 충격을 최소화하고 액정을 보호하는 기술이 탑재되어 있습니다.

7 **감지하다** : 느끼어 알다.

_____

8 **충돌하다** : 서로 맞부딪치거나 맞서다.

_____

한 걸음 더!

○ '動'(동)이 들어간 낱말은 '움직임'과 관련 있어요. '動'(동)이 들어간 낱말을 알아보아요.

운동

사람이 몸을 단련하거나
건강을 위하여 몸을 움직이는 일.

노동

사람이 필요한 음식이나 물자를 얻기
위하여 육체적으로나 정신적으로 하는 일.

動
움직일 동

진동

흔들려 움직임.

감동

크게 느끼어
마음이 움직임.

Q 다음 문장에 알맞은 낱말을 찾아 ○표 하세요.

(1) 갑자기 책상을 통해서 건물의 (노동, 진동)이 느껴졌다.

(2) 어릴 때 헤어진 부모를 다시 만나는 장면은 정말 (감동, 진동)이었다.

(3) 땀을 흘리며 일하는 사람을 보면 (운동, 노동)의 신성함을 느낄 수 있다.

공부한 날
___월 ___일

스포츠와 관련된 말 ①

✏️ 다음 낱말의 뜻을 보고, 말풍선에서 알맞은 낱말을 찾아 ○표 하세요.

1 민첩(敏 민첩할 민, 捷 이길 첩)**하다**

: 재빠르고 날쌔다. 비슷한말 날쌔다, 잽싸다

예 아빠는 민첩하게 몸을 날려 넘어질 뻔한 동생을 붙잡으셨다.

2 부상(負 짐질 부, 傷 상처 상)

: 몸에 상처를 입음.

모양이 같은 말 부상: 본상에 딸린 상금이나 상품.

예 운동을 할 때에는 부상을 방지하기 위해 준비 운동을 해야 한다.

3 숙련(熟 익을 숙, 練 익힐 련)**되다**

: 연습이 많이 되어 능숙하게 익혀지다.

비슷한말 숙달되다, 단련되다

예 언니는 숙련된 솜씨로 요리를 했다.

4 순발력(瞬 눈 깜짝일 순, 發 필 발, 力 힘 력)

: 근육이 순간적으로 빨리 수축하면서 나는 힘. 멀리뛰기, 높이뛰기 등으로 측정함.

예 오빠는 순발력을 발휘하여 벌떡 일어섰다.

5 유연성(柔 부드러울 유, 軟 부드러울 연, 性 성품 성)

: 딱딱하지 않고 부드러운 성질. 또는 그런 정도.

예 동생은 유연성이 좋아서 다리 찢기를 잘한다.

6 지구력(持 가질 지, 久 오랠 구, 力 힘 력)

: 오랫동안 버티며 견디는 힘.

예 지구력을 길러 마라톤 대회에 출전하고 싶다.

7 체력(體 몸 체, 力 힘 력)

: 육체적 활동을 할 수 있는 몸의 힘. 또는 질병이나 추위 등에 대한 몸의 저항 능력.

예 체력을 기르기 위해 운동을 했다.

8 탄성(彈 탄알 탄, 性 성품 성)

: 물체에 외부에서 힘을 가하면 부피와 모양이 바뀌었다가, 그 힘을 제거하면 원래대로 되돌아가려고 하는 성질.

예 고무줄은 탄성이 있어 제자리로 돌아가는 성질이 있다.

(1) 나는 (순발력, 유연성)이 좋아서 허리를 숙이면 손바닥이 땅에 닿아.

우아!

(2) 다리가 왜 그래?

어제 축구를 하다가 (부상, 탄성)을 입었어.

1 다음 뜻에 알맞은 낱말을 보기에서 찾아 기호를 쓰세요.

보기
㉠ 순발력   ㉡ 지구력   ㉢ 유연성

(1) 오랫동안 버티며 견디는 힘. ( )

(2) 딱딱하지 않고 부드러운 성질. 또는 그런 정도. ( )

(3) 근육이 순간적으로 빨리 수축하면서 나는 힘. 멀리뛰기, 높이뛰기 등으로 측정함.
( )

2 다음 낱말의 뜻으로 알맞은 것을 찾아 ○표 하세요.

(1) 부상
㉠ 몸에 상처를 입음. ( )
㉡ 원래의 상태로 돌이키거나 원래의 상태를 되찾음. ( )

(2) 체력
㉠ 몸의 무게. ( )
㉡ 육체적 활동을 할 수 있는 몸의 힘. 또는 질병이나 추위 등에 대한 몸의 저항 능력. ( )

3 다음 글의 ㉠과 ㉡에 들어갈 낱말로 알맞은 것을 찾아 ○표 하세요.

고양이는 (㉠)이 뛰어나서 순간적으로 달려 나가거나 높은 곳에서 뛰어내리는 것에 능하다. 또한 (㉡)도 타고나서 자신의 몸보다 작은 상자에 몸을 웅크려 숨거나 좁은 틈도 잘 통과한다.

(1) ㉠: (순발력, 유연성, 지구력)   (2) ㉡: (순발력, 유연성, 지구력)

4 다음 빈칸에 공통으로 들어갈 알맞은 낱말은 무엇인가요? ( )

지금보다 산업이 덜 발달되었을 때에는 '( )은 국력이다.'라는 구호를 자주 내걸었다. 이 당시는 기계의 힘보다 사람의 힘이 국가 노동력에서 큰 비중을 차지하던 때이다. 따라서 생산 인력의 ( )이 곧 국가의 생산력으로 직결되었던 것이다.

① 근육   ② 부상   ③ 체력
④ 탄성   ⑤ 훈련

5 다음 중 낱말 '탄성'이 들어가기에 알맞지 <u>않은</u> 문장을 찾아 기호를 쓰세요.

어휘
적용

> ㉠ 활의 줄은 <u>탄성</u>이 있어서 화살이 멀리 날아갈 수 있도록 한다.
> ㉡ 층계 오르기 운동을 꾸준히 한 결과 다리의 <u>탄성</u>이 단단해졌다.
> ㉢ 트램펄린은 용수철이 늘어났다가 제자리로 돌아오는 <u>탄성</u>을 이용한 기구이다.

(   )

6 다음 글의 밑줄 친 낱말과 뜻이 비슷한 낱말을 모두 찾아 ○표 하세요.

어휘
확장

> 예부터 미련하거나 행동이 느린 사람을 놀림조로 이를 때 '곰 같다'라고 표현합니다. 하지만 실제로 곰은 시속 약 50km로 달릴 정도로 매우 <u>민첩한</u> 동물입니다. 물속에서 헤엄치는 물고기를 <u>숙련된</u> 솜씨로 손쉽게 낚아채는 모습에서도 곰의 민첩함을 볼 수 있습니다.

(1) 민첩한 ━ (날쌘, 잽싼, 우둔한)   (2) 숙련된 ━ (단련된, 숙성된, 숙달된)

관용 표현
7 다음 글을 읽고, 세윤이의 상황에 어울리는 한자 성어를 찾아 ○표 하세요.

> 운동 신경이 둔한 세윤이는 처음 줄넘기를 배울 때에는 자꾸만 발이 줄에 걸려 10개를 채 넘지 못하였습니다. 다른 친구들은 금세 익히는데 자기만 잘 되지 않아 속이 상했습니다. 하지만 밤낮으로 줄넘기를 연습하고 땀 흘리며 노력한 결과 **숙련되어**, 몇 달 뒤에는 반 친구들 중에서 가장 줄넘기를 잘하게 되었습니다. 결국 세윤이는 학교 줄넘기 대회에 반 대표로 나가 일 등을 했습니다. 세윤이의 노력의 결과였습니다.

(1) 작심삼일(作心三日): 단단히 먹은 마음이 사흘을 가지 못한다는 뜻으로, 결심이 굳지 못함을 이르는 말.   (   )

(2) 아전인수(我田引水): 자기 논에 물 대기라는 뜻으로, 자기에게만 이롭게 되도록 생각하거나 행동함을 이르는 말.   (   )

(3) 대기만성(大器晚成): 큰 그릇을 만드는 데는 시간이 오래 걸린다는 뜻으로, 크게 될 사람은 늦게 이루어짐을 이르는 말.   (   )

독해로
어휘 마무리

오늘의
나의 실력은?

최고야 　좋았어 　함내자

8주 1일
정답 확인

[8~9] 다음 설명하는 글을 읽고, 물음에 답하세요.

　육상 경기는 인간이 할 수 있는 가장 기본적인 동작인 달리기, 뛰기, 던지기 등을 활용해서 만든 스포츠 경기이다. 인간의 기본적인 움직임을 바탕으로 하고 있으므로 육상 경기의 기원은 인류의 발생과 함께였다고 볼 수 있다. 즉, 인류의 생존 수단이었던 달리고, 뛰고, 던지는 일련의 활동들이 종목화되고 규칙이 더해지면서 운동 경기로 발전한 것이다.

　특히, 달리기는 모든 사람이 어느 때나 할 수 있는 기본적이고 자연스러운 기술이지만 개인의 **체력, 순발력, 지구력, 유연성** 등 여러 가지 요소에 따라 그 역량은 크게 달라진다. 또한 단거리, 중거리, 장거리 등 각 종목에 따라 요구되는 역량 또한 차이가 있다.

　100미터 종목의 단거리 달리기는 짧은 거리를 전속력으로 단숨에 달려야 한다. 아주 짧은 시간에 최고 속력을 최대한으로 발휘하다가 결승점에 도착해야 하므로, 다리의 강한 근력, 순발력, 민첩성 등이 가장 요구된다. 이와 달리 5000미터 이상을 달리는 장거리 달리기나 마라톤의 경우에는 지구력이 가장 크게 요구될 뿐만 아니라 에너지를 유지할 수 있는 강인한 체력 또한 매우 중요하다.

　달리기는 ㉠**부상**의 위험 또한 크다. 단거리 달리기 출발 시 과도한 힘을 갑자기 받으면서 근육이 손상되거나 인대에 부담이 가해져 부상이 발생할 수 있다. 또한 마라톤과 같이 근육을 장기간 사용하는 경우에는 근육이 피로해지면서 뼈에 무리가 가고 골절이 발생하는 '피로 골절'이 발생할 수 있으므로 주의해야 한다.

◆ **기원:** 새로운 출발이 되는 시대나 시기.

8　㉠**'부상'의 뜻으로 알맞은 것에 ○표 하세요.**

(1) 몸에 상처를 입음. 　　　　　　　　　　　　　　　　　　　（　　　　　）
(2) 본상에 딸린 상금이나 상품. 　　　　　　　　　　　　　　　（　　　　　）

9　**이 글의 내용으로 알맞지 <u>않은</u> 것은 무엇인가요? (　　　　　)**

① 마라톤을 하면 피로 골절이 발생할 수 있다.
② 100미터 달리기는 지구력이 가장 크게 요구된다.
③ 날리기는 각 종목에 따라 요구되는 역량에 차이가 있다.
④ 장거리 달리기는 에너지를 유지할 수 있는 체력이 매우 중요하다.
⑤ 단거리 달리기 출발 시 과도한 힘을 갑자기 받으면서 부상이 생길 수 있다.

스포츠와 관련된 말 2

✏️ 다음 낱말의 뜻을 보고, 밑줄 친 낱말을 알맞게 사용하였으면 ○표, 잘못 사용하였으면 ✕표 하세요.

규정(規 법 규, 定 정할 정)

규칙으로 정함. 또는 그 정하여 놓은 것.

[비슷한말] 규칙

예 미술 전시회에서는 전시된 작품을 만지면 안 된다는 <u>규정</u>이 있다.

득점(得 얻을 득, 點 점 찍을 점)

시험이나 경기 등에서 점수를 얻음. 또는 그 점수.

[비슷한말] 점수 [반대말] 실점

예 옆 반과의 축구 시합에서 우리 반이 먼저 <u>득점</u>을 했다.

무승부

(無 없을 무, 勝 이길 승, 負 짐질 부)

내기나 경기 등에서 이기고 짐이 없이 비김. [비슷한말] 동점

예 야구 경기가 연장전 끝에 무승부로 끝났다.

반칙(反 돌이킬 반, 則 법 칙)

법칙이나 규정, 규칙 등을 어김.

예 운동 경기를 할 때 <u>반칙</u>을 하면 안 된다.

승패(勝 이길 승, 敗 패할 패)

승리와 패배. [비슷한말] 승부

예 <u>승패</u>를 가르기 위해 가위바위보를 했다.

오심(誤 그릇할 오, 審 살필 심)

잘못 심판함. 또는 그런 심판.

예 배구 경기가 끝나자 <u>오심</u> 논란이 시작되었다.

퇴장(退 물러날 퇴, 場 마당 장)하다

경기 중에 선수가 반칙이나 부상 등으로 물러나다.

예 축구 경기에서는 경고를 두 번 받으면 <u>퇴장</u>하게 된다.

판정(判 판가름할 판, 定 정할 정)하다

판별하여 결정하다.

예 심판은 수영 경기에서 선수가 부정 출발을 했다고 <u>판정</u>해서 실격 처리를 했다.

내가 응원하는 팀이 큰 점수 차로 <u>무승부</u>로 이겼어.

예준

운동 선수들은 규정에 맞는 복장을 착용해야 해.

지아

<u>오심</u>이 있으면 공정한 경기를 할 수 있어.

미하

1 다음 낱말의 뜻에 알맞은 낱말을 찾아 ○표 하세요.

(1) 반칙   법칙이나 규정, 규칙 등을 (지킴, 어김).

(2) 오심   (잘못, 바르게) 심판함. 또는 그런 심판.

(3) 득점   시험이나 경기 등에서 점수를 (얻음, 잃음). 또는 그 점수.

2 다음 밑줄 친 부분과 바꾸어 쓸 수 있는 낱말을 찾아 ○표 하세요.

(1)
이번 경기에서는 두 팀 모두 점수를 얻지 못한 채 끝났다.

➡ (득실, 득점)

(2)
승리와 패배에 관계없이 열심히 뛴 우리 선수들이 자랑스럽습니다.

➡ (승점, 승패)

3 다음 중 밑줄 친 낱말을 잘못 사용한 친구의 이름을 쓰세요.

승재: 한글을 쓸 때에는 맞춤법 규정을 잘 지켜야 돼.
고윤: 심판의 오심으로 우리나라 선수가 금메달을 도둑맞았어.
보아: 두 번의 경고를 받은 이탈리아 선수는 결국 판정하게 되었어.

(   )

4 다음 빈칸에 공통으로 들어갈 알맞은 낱말은 무엇인가요? (   )

• 승자도 패자도 없이 (   )(으)로 경기가 끝이 났다.
• 축구에서 후반전까지 (   )(으)로 끝날 경우에는 연장전에 돌입한다.
• 양 팀 선수들이 최선을 다해 뛰었지만 경기는 이 대 이 (   )로 끝났다.

① 규정   ② 득실   ③ 득점
④ 승패   ⑤ 무승부

5 다음 글의 밑줄 친 낱말과 뜻이 반대인 낱말은 무엇인가요? ( )

어휘
확장

> 친선 경기는 승패를 떠나서 우애를 돈독히 하자는 취지에서 이루어진다. 오늘 이란과의 축구 친선 경기는 양 팀 모두 <u>득점</u> 없이 무승부로 마무리되었다.

① 득실 ② 승부 ③ 승점
④ 승패 ⑤ 실점

6 다음 대화에서 밑줄 친 낱말과 뜻이 비슷한 낱말을 찾아 쓰세요.

어휘
확장

> 서하: 어제 반 대항 배드민턴 결승전 봤어? 정말 <u>승패</u>를 가리기 어려울 만큼 실력이 팽팽하더라.
> 두준: 그래서 결국 승부는 어떻게 됐는데?
> 서하: 3반 대표로 나온 선수가 결승전에서 승리했어. 아쉽게 패배한 5반 선수가 박수를 보내는 모습이 멋있어 보였어.

( )

관용 표현
7 다음 글의 빈칸에 들어갈 밑줄 친 한자 성어의 뜻으로 알맞은 것을 찾아 ○표 하세요.

> '<u>건곤일척</u>'이란 한유의 「과홍구」에 나오는 말로 항우와 유방의 싸움에서 유래한 말입니다. 천하를 차지하기 위한 초나라 항우와 한나라 유방의 싸움은 계속되었습니다. **승패**가 나지 않자 홍구 지역을 기준으로 서쪽을 유방이, 동쪽을 항우가 갖기로 하였습니다. 유방이 철군하려 하자 부하들이 기세가 약해진 초나라 군대의 틈을 노려 마지막 결전을 벌일 것을 주장하였습니다. 결국 유방은 말머리를 돌려 천하를 걸고 단판 승부를 벌였고, 그 결과 유방은 천하를 얻을 수 있었습니다. 이처럼 '건곤일척'은 천하를 두고 한 번에 모든 것을 건다는 뜻으로, [　　　　　　]을 이르는 말입니다.

(1) 싸울 때마다 다 이김 ( )

(2) 태도나 수단이 정당하고 떳떳함 ( )

(3) 운명을 걸고 단 한 판으로 승패를 겨룸 ( )

독해로
어휘 마무리

오늘의
나의 실력은?

 최고야   좋았어   함내자

8주 2일
정답 확인

[8~9] 다음 뉴스 보도를 읽고, 물음에 답하세요.

> 앵커: 월드컵 축구 대표팀이 이탈리아와의 조별 리그 최종전에서 2대 1로 승리했습니다. 이탈리아를 꺾은 우리나라는 에콰도르와 골 득실은 같지만, 다득점에서 앞서 16강에 극적으로 진출했습니다. 취재 기자 연결합니다. 김소연 기자! 경기 결과 전해 주시죠.
>
> 김소연 기자: 이탈리아와의 조별 리그 최종전, 한국이 2대 1로 승리하여 극적인 16강 진출에 성공했습니다. 호주를 이긴 에콰도르와 승점과 득실은 같지만 다득점에서 앞섰습니다.
>
> 첫 골은 이탈리아가 먼저 넣었습니다. 경기를 시작한 지 13분 만이었는데요. 이탈리아의 선수가 우리나라의 김○○ 선수를 제치고 가볍게 ㉠**득점**으로 연결했습니다. 하지만 후반 17분, 손○○이 승부를 원점으로 돌렸습니다. 이○○의 왼쪽 코너킥이 이탈리아 선수의 등에 맞고 떨어졌고, 손○○이 넘어지며 골문으로 가볍게 차 넣어 1대 1 ㉡**무승부** 상황을 만들었습니다.
>
> 그리고 후반 37분, 결승 골이 터져 나왔습니다. 마음이 급해진 이탈리아 선수가 우리나라 선수의 발목을 고의로 걸고 넘어지는 **반칙**을 하면서 **퇴장하게** 된 것입니다. 프리킥 기회를 얻은 정○○은 침착하게 골문 앞으로 패스하였고 조○○이 이를 받아 극적인 역전 골을 성사시켰습니다.
>
> 경기 종료 이후 에콰도르-호주 전 결과를 기다리던 선수들은 에콰도르의 2-0 승리 소식에 환호했습니다. 이로써 우리나라는 12년 만의 월드컵 본선 16강 진출을 이뤄 냈습니다.
>
> ✦**원점:** 시작이 되는 출발점. 또는 근본이 되는 본래의 점.

8 ㉠, ㉡과 뜻이 비슷한 낱말로 알맞은 것에 ○표 하세요.

(1) ㉠ 득점 ━ (점수, 점자)

(2) ㉡ 무승부 ━ (동작, 동점)

9 이 뉴스 보도를 읽고, 경기 내용을 바르게 이해하지 <u>못한</u> 친구의 이름을 쓰세요.

> 재훈: 심판의 오심으로 우리나라의 득점이 취소될 뻔했어.
> 하율: 이탈리아가 먼저 득점을 하고 우리가 역전을 해서 이겼던 거구나.
> 은유: 규정을 지키지 않은 이탈리아 선수가 퇴장을 당하는 일이 있었구나.

(   )

스포츠와 관련된 말 ③

✏️ 다음 낱말의 뜻을 보고, 초성에 알맞은 말을 써넣어 대화를 완성하세요.

어제는 배구 ㄱㄱㅈ 에 배구를 ㄱㄹ 하러 갔어. 양 팀의 실력이 막상막하여서 ㅁㅇ 하느라 시간 가는 줄 몰랐지.

아, 어제 텔레비전에서 그 경기를 ㅈㄱ 하는 것을 봤어. 선수들이 모두 ㅇㄷㅈ 으로 움직이는 것이 인상 깊었어.

그랬구나. 지금 내가 응원하는 팀이 일 등을 해서 엄청난 인기를 ㄱㄱ 하고 있어. 어제도 이겨서 승리의 분위기를 ㅁㄲ 했지!

우아, 그래서 ㄱㅈ 이 많았구나!

오늘의 어휘

● **경기장**(競 다툴 경, 技 재주 기, 場 마당 장): 경기를 할 수 있는 설비와 관람석 등을 갖춘 곳.

● **관람**(觀 볼 관, 覽 볼 람)**하다:** 연극, 영화, 운동 경기, 미술품 등을 구경하다. `비슷한말` 구경하다

● **관중**(觀 볼 관, 衆 무리 중): 운동 경기 등을 구경하기 위하여 모인 사람들. `비슷한말` 관객

● **구가**(謳 노래할 구, 歌 노래 가)**하다:** 행복한 처지나 기쁜 마음 등을 거리낌 없이 나타내다.

● **만끽**(滿 찰 만, 喫 마실 끽)**하다:** 욕망을 마음껏 충족하다. `비슷한말` 누리다

● **몰입**(沒 잠길 몰, 入 들 입)**하다:** 깊이 파고들거나 빠지다. `비슷한말` 열중하다, 빠지다

● **역동적**(力 힘 역, 動 움직일 동, 的 과녁 적): 힘차고 활발하게 움직이는 것.

● **중계**(中 가운데 중, 繼 이을 계)**하다:** 극장, 경기장, 국회, 사건 현장 등 방송국 밖에서의 실제 상황을 방송국이 중간에서 연결하여 방송하다. `비슷한말` 중계방송하다

1 다음 낱말의 뜻을 보기에서 찾아 기호를 쓰세요.

보기

㉠ 욕망을 마음껏 충족하다.
㉡ 깊이 파고들거나 빠지다.
㉢ 연극, 영화, 운동 경기, 미술품 등을 구경하다.
㉣ 행복한 처지나 기쁜 마음 등을 거리낌 없이 나타내다.

(1) 관람하다 … (   )   (2) 구가하다 … (   )

(3) 만끽하다 … (   )   (4) 몰입하다 … (   )

2 다음 낱말의 뜻에 알맞은 낱말을 찾아 ○표 하세요.

(1) 역동적   힘차고 활발하게 (말하는, 움직이는) 것.

(2) 관중   운동 경기 등을 (구경, 참여)하기 위하여 모인 사람들.

3 다음 문장에 어울리는 낱말을 보기에서 찾아 빈칸에 쓰세요.

보기

만끽, 몰입, 중계

(1) 가을은 아름다운 단풍을 (   )하는 계절이다.
(2) 태풍 현황을 (   )하던 기자가 세찬 바람에 밀려 뒷걸음질쳤다.
(3) 청소년들이 컴퓨터 게임에 (   )하는 것은 큰 사회적 문제이다.

4 다음 중 밑줄 친 낱말을 알맞게 사용한 문장에 모두 ○표 하세요.

(1) 한국 가요가 전 세계에서 인기를 <u>구가하고</u> 있다.   (   )
(2) 텔레비전에서 올림픽 피겨 스케이팅 경기를 <u>중계하고</u> 있다.   (   )
(3) 수업 시간에 선생님 말씀을 <u>관람하던</u> 수영이가 손을 번쩍 들었다.   (   )

5 다음 ㉠, ㉡에 들어갈 낱말이 모두 알맞은 것은 무엇인가요? (   )

> 텔레비전으로만 보던 축구 경기를 처음으로 직접 관람하였다. 축구 경기장에 들어서니 선수들의 (㉠   )인 움직임과 (㉡   )들의 응원 열기를 생생하게 느낄 수 있었다.

	㉠	㉡			㉠	㉡
①	사실적	관람		②	소극적	관광
③	역동적	관광		④	역동적	관중
⑤	해설적	관람				

6 다음 밑줄 친 낱말과 뜻이 비슷한 낱말을 찾아 선으로 이으세요.

(1) 공연을 보러 온 수많은 <u>관중</u>들이 관중석을 가득 채웠다.   •

(2) 나는 책을 읽기 시작하면 다 읽을 때까지 <u>몰입하는</u> 편이다.   •

(3) 할머니는 도시를 떠나 전원생활의 한가로움을 <u>만끽하고</u> 계신다.   •

• ㉮ 열중하는

• ㉯ 관객

• ㉰ 누리고

7 다음 글에서 밑줄 친 내용에 어울리는 한자 성어로 알맞은 것을 찾아 ○표 하세요.

> 4년에 한 번씩 개최되는 올림픽은 전 세계인의 축제입니다. 4년 동안 올림픽을 준비한 선수들은 자신의 한계에 맞서며 <u>온 마음과 온 힘을 한곳에 모아 쓰며</u> 경기에 도전하고 **몰입합니다**. 경기를 **관람하는** 각국의 **관중**들이나 중계를 통해 자국의 선수를 응원하는 국민들 모두가 이때만큼은 한마음입니다.

(1) 전심전력(全心全力): 온 마음과 온 힘을 한곳에 모아 씀.   (   )

(2) 각주구검(刻舟求劍): 융통성 없이 현실에 맞지 않는 낡은 생각을 고집하는 어리석음을 이르는 말.   (   )

(3) 자화자찬(自畵自讚): 자기가 그린 그림을 스스로 칭찬한다는 뜻으로, 자기가 한 일을 스스로 자랑함을 이르는 말.   (   )

독해로
어휘 마무리

오늘의
나의 실력은?
 최고야   좋았어   힘내자

8주 3일
정답 확인

[8~9] 다음 일기를 읽고, 물음에 답하세요.

20○○년 6월 15일 토요일	날씨: 맑고 바람이 쌀쌀함.

처음으로 야구장에 간 날

아빠와 야구 **경기장**에 가기로 한 날이다. 늘 텔레비전에서 **중계하는** 모습만 보다가 경기장에 가서 직접 ㉠**관람하는** 경기라 아침부터 설레고 떨렸다. 경기 시작보다 30분이나 먼저 도착했지만 이미 경기장 주변은 인산인해를 이루었다.

떨리는 마음으로 아빠와 함께 경기장에 들어섰다. 경기가 시작하지도 않았는데 이미 **관중**들의 열띤 응원 소리가 경기장을 가득 채웠다. 나는 처음 보는 경기장의 큰 규모와 관중들의 함성 소리에 순간적으로 압도되었다.

경기가 시작되자 사람들은 응원가를 부르며 각 선수들을 응원하기 시작하였다. 나도 언제부터인가 사람들과 함께 큰 소리로 노래를 부르고 응원봉을 흔들며 경기에 **몰입하게** 되었다. 텔레비전에서만 보던 선수들이 바로 내 눈앞에서 **역동적**으로 뛰고 달리고 공을 던지는 모습들을 보니 너무 신기하였다.

경기는 8대 3으로 내가 응원하는 팀이 승리하였다. 경기장을 빠져나오면서도 사람들은 승리를 **만끽하며** 큰 소리로 응원가를 불렀다. 집으로 돌아오는 내내 마음속의 흥분이 쉽게 가시지 않았다. 오랫동안 오늘을 잊지 못할 것 같다.

◆ **인산인해:** 사람이 산을 이루고 바다를 이루었다는 뜻으로, 사람이 수없이 많이 모인 상태를 이르는 말.

8 ㉠'관람하는'과 뜻이 비슷한 낱말은 무엇인가요? (   )

① 구가하는   ② 구경하는   ③ 남발하는
④ 유람하는   ⑤ 중계하는

9 글쓴이가 겪은 일로 알맞은 것은 무엇인가요? (   )

① 조용히 경기를 지켜보기만 하였다.
② 아빠와 야구 경기 중계 방송을 보았다.
③ 글쓴이가 응원하는 팀이 아쉽게도 패배하였다.
④ 경기가 시작하고 30분 뒤에 경기장에 도착하였다.
⑤ 아빠와 야구 경기장에 가서 직접 야구 경기를 보았다.

스포츠와 관련된 말 ④

✏️ 다음 낱말이 사용된 상황을 보고, 뜻에 맞는 낱말을 써넣어 사전을 완성하세요.

아빠, 엄마! 저희랑 같이 올림픽 개막 중계 봐요.

저는 축구 경기가 가장 기대돼요. 우리나라가 미리 예선을 거쳐 본선에 진출했대요.

○○회 올림픽

엄마는 양궁이 가장 기대되는구나. 결승에 진출해 메달을 딸 가능성이 가장 높은 종목이라고 하더구나.

아빠는 이번에 새로 채택한 종목들에 관심이 가.

모든 경기가 공정성을 해치지 않고 진행되었으면 좋겠어요!

어휘사전

❶ [ㄱ] [ㅁ] (開 열 개, 幕 막 막)

: 막을 열거나 올린다는 뜻으로, 공연이나 행사 등을 시작함. 반대말 폐막

❷ [ㄱ] [ㅅ] (決 결정할 결, 勝 이길 승)

: 운동 경기 등에서, 마지막으로 승부를 가리는 시합.

❸ [ㄱ] [ㅈ] [ㅅ]

(公 공변될 공, 正 바를 정, 性 성품 성)

: 공평하고 올바른 성질. 반대말 불공정성

❹ [ㅇ] [ㅅ] (豫 미리 예, 選 가릴 선)

: 본선에 나갈 선수나 팀을 뽑음.

❺ [ㅁ] [ㄷ]

: 상으로 주거나 기념하는 뜻으로 주는, 글씨나 그림을 새겨 만든 납작하고 둥근 쇠붙이.

❻ [ㅇ] [ㄹ] [ㅍ]

: 4년마다 열리는 국제 운동 경기 대회.

❼ [ㅈ] [ㅁ] (種 씨 종, 目 눈 목)

: 여러 가지 종류에 따라 나눈 항목.

❽ [ㅊ] [ㅌ] (採 캘 채, 擇 가릴 택)하다

: 작품, 의견, 제도 등을 골라서 다루거나 뽑아 쓰다. 비슷한말 도입하다, 선택하다

1 다음 낱말의 뜻에 알맞은 낱말을 보기 에서 찾아 쓰세요.

어휘
확인

보기
본선, 승부, 시작

(1) 예선: (   )에 나갈 선수나 팀을 뽑음.

(2) 결승: 운동 경기 등에서, 마지막으로 (   )을/를 가리는 시합.

(3) 개막: 막을 열거나 올린다는 뜻으로, 공연이나 행사 등을 (   )함.

2 다음 낱말의 뜻으로 알맞은 것을 찾아 ○표 하세요.

어휘
확인

(1) 공정성
　　ㄱ 공평하고 올바른 성질.　　　　　　　　　　　　　　(　　)
　　ㄴ 영원히 계속되는 성질이나 능력.　　　　　　　　　(　　)

(2) 올림픽
　　ㄱ 4년마다 열리는 국제 운동 경기 대회.　　　　　　(　　)
　　ㄴ 한 분야의 특기자들이 한곳에 모여 시험을 치르는 대회. (　　)

3 다음 문장에 어울리는 낱말을 찾아 ○표 하세요.

어휘
적용

(1) 우리 형은 야구, 축구, 탁구 등 공을 사용하는 (메달, 종목)은 다 잘한다.

(2) 1988년 서울 올림픽 대회에서 처음으로 탁구를 정식 종목으로 (채집, 채택)하였다.

4 다음 중 밑줄 친 낱말을 알맞게 사용한 문장에 모두 ○표 하세요.

어휘
적용

(1) 심판은 판정에 있어 공정성을 잃지 말아야 한다.　　　　　　　　　　(　　)

(2) 올림픽 메달의 색깔은 달라도 선수들이 흘린 땀의 색깔은 같다.　　　(　　)

(3) 경기 마지막 날 국기를 든 선수들이 모두 나와 행진을 하며 개막을 알렸다. (　　)

5 다음 빈칸에 공통으로 들어갈 낱말로 알맞은 것은 무엇인가요? (   )

어휘
적용

> 올림픽 경기 (   )은 국제 올림픽 위원회(IOC)가 결정하고 채택합니다. 정기적인 회의를 통해 새롭게 (   )이 추가되거나 삭제될지가 결정됩니다. 일반적으로 올림픽 (   )으로 채택되려면 전 세계적으로 인기가 있는지, 올림픽 정신과 목표에 부합하는지 등을 고려합니다.

① 개막   ② 결승   ③ 메달
④ 예선   ⑤ 종목

6 다음 중 뜻이 반대인 낱말끼리 바르게 짝 지어진 것을 모두 찾아 기호를 쓰세요.

어휘
확장

> ㉠ 개막 – 폐막   ㉡ 개막 – 개회
> ㉢ 공정성 – 불공정성   ㉣ 채택하다 – 도입하다

(,   )

관용 표현

7 다음 글에서 밑줄 친 한자 성어의 뜻으로 알맞은 것은 무엇인가요? (   )

> 아시안 게임 4연패를 달성한 야구 대표팀이 팬들의 환호 속에 <u>금의환향</u>하였다. 야구 대표팀 김○○ 감독은 모든 선수들이 열심히 뛰어 준 덕분에 **메달**을 딸 수 있었다며 모든 공을 선수들에게 돌렸다. 이어 이번 우승에 안주하지 않고 다가올 국제 대회에서도 좋은 성과를 내도록 노력하겠다고 각오를 다졌다.

① 같은 무리끼리 서로 사귐.
② 공격하기가 어려워 쉽사리 함락되지 않음.
③ 인재를 맞아들이기 위하여 참을성 있게 노력함.
④ 비단옷을 입고 고향에 돌아온다는 뜻으로, 출세를 하여 고향에 돌아가거나 돌아옴을 비유적으로 이르는 말.
⑤ 같은 병을 앓는 사람끼리 서로 가엾게 여긴다는 뜻으로, 어려운 처지에 있는 사람끼리 서로 가엾게 여김을 이르는 말.

독해로
어휘 마무리

오늘의
나의 실력은?

최고야   좋았어   힘내자

8주 4일
정답 확인

[8~9] 다음 설명하는 글을 읽고, 물음에 답하세요.

올림픽은 국제 올림픽 위원회(IOC)가 4년마다 개최하는 국제 스포츠 대회이다. 올림픽을 개최하면 나라의 위상을 널리 알리고 경제적인 이익을 얻을 수 있기 때문에 많은 나라들이 자국에서 올림픽을 개최하려고 힘써 왔다. 이는 우리나라도 마찬가지였는데 그 결과, 1988년 서울에서 처음 올림픽을 개최하였다.

서울 올림픽은 특히 분단 국가인 한국에서 12년 만에 서방 국가와 사회주의 국가들이 함께 참여해 역사상 가장 큰 규모로 열렸다는 점에서 세계의 주목을 받았다. 화려한 **개막** 공연들이 끝난 뒤 갑자기 정적이 흐르고, 한 소년이 굴렁쇠를 굴리며 운동장 한가운데로 들어오는 순간은 오늘날까지도 서울 올림픽의 상징으로 회자되고 있다. 약 2분 동안 적막이 흐르는 가운데 굴렁쇠를 굴리면서 등장한 소년이 관중에게 손을 흔드는 이 장면은 평화의 이미지와 동서 진영의 화합과 평화를 소망한다는 메시지를 전달하였다. 이 장면은 전 세계인에게 큰 감동을 주었다.

서울 올림픽은 그 밖에도 많은 의의를 남겼다. 서울 올림픽에서 새로 탁구와 테니스를 정식 **종목**으로 ㉠채택했다. 그리고 태권도, 배드민턴 등을 시범 종목으로 도입했다. 또한 서울 올림픽에서만 세계 신기록 33개, 올림픽 신기록 225개 등 풍성한 기록이 나왔다. 한국도 금메달 12개, 은메달 10개, 동메달 11개를 얻으며 세계 4위를 기록했고, 올림픽 참가 역사상 가장 좋은 결과를 얻었다.

◆ **서방:** 서유럽의 자유주의 국가.

◆ **회자되고:** 칭찬을 받으며 사람의 입에 자주 오르내리게 되고.

8   ㉠ '채택했다'와 뜻이 비슷한 낱말을 이 글에서 찾아 쓰세요.

(   )

9   서울 올림픽에 대한 설명으로 알맞은 것을 모두 고르세요. (,   )

① 아시아에서 최초로 열린 올림픽이었다.

② 새로 탁구와 테니스가 정식 종목으로 채택되었다.

③ 사회주의 국가들이 모두 불참하여 큰 아쉬움을 남겼다.

④ 개막식의 굴렁쇠를 이용한 장면은 다른 개막식에서 베낀 것이다.

⑤ 한국은 세계 4위라는 올림픽 참가 역사상 가장 좋은 결과를 기록하였다.

스포츠와 관련된 말

✏️ 다음 뜻풀이를 보고, 십자말풀이를 완성하세요.

➡️ **가로**

1 운동 경기 등을 구경하기 위하여 모인 사람들.

2 운동 경기 등에서, 마지막으로 승부를 가리는 시합.

4 몸에 상처를 입음.

6 오랫동안 버티며 견디는 힘.

8 공평하고 올바른 성질.

⬇️ **세로**

1 연극, 영화, 운동 경기, 미술품 등을 구경하다.

3 내기나 경기 등에서 이기고 짐이 없이 비김.

5 근육이 순간적으로 빨리 수축하면서 나는 힘. 멀리뛰기, 높이뛰기 등으로 측정함.

7 행복한 처지나 기쁜 마음 등을 거리낌 없이 나타내다.

9 판별하여 결정하다.

[1~2] 다음 글의 밑줄 친 부분의 뜻을 가진 낱말을 찾아 √표 하세요.

1

중요한 국제 경기에서 잘못 심판하는 일이 종종 발생하면서 로봇 심판에 대한 긍정적 여론이 늘고 있다. 객관적이고 정확한 결정을 내릴 수 있고, 감정적이거나 심리적인 영향을 받지 않는다는 장점 때문이다.

① 규정   ② 승패   ③ 오심

④ 탄성   ⑤ 공정성

2

경기를 할 때 가장 기본적인 전제는 규칙으로 정하여 놓은 것을 잘 지키는 것이다. 그렇게 해야 경기를 원활하게 진행하고, 선수들 간의 공정한 경쟁을 유지할 수 있다.

① 구기   ② 규정   ③ 득실

④ 예선   ⑤ 종목

[3~4] 다음 글에서 밑줄 친 낱말과 뜻이 비슷한 낱말에 ○표 하세요.

3

시각 장애인은 특수한 훈련을 받은 숙련된 안내견의 도움으로 안전하게 보행할 수 있다. 안내견은 시각 장애인에게 길을 안내하거나 위험을 미리 알려 주도록 훈련되어 있으며, 열차 등의 교통 기관에도 함께 탄다.

(단련된, 중계된, 채택된)

4

가상 현실 기술을 사용한 게임에 지나치게 빠지면 여러 사회적 문제를 낳는다. 이러한 게임은 실제 현실과 가상 세계의 구분을 모호하게 만들어 이로 인해 사회적으로 고립되거나 현실감을 상실할 수 있다.

(몰입하면, 민첩하면, 판정하면)

[5~6] 다음 글의 빈칸에 들어갈 알맞은 낱말을 보기 에서 찾아 쓰세요.

보기

득점, 부상, 실점, 공정성, 무승부, 유연성

5

경기 내내 팽팽한 (1)( )을/를 이어 오다가 마지막 3분의 시간을 남긴 시점에서 우리 팀이 상대 팀에게 실점을 허용하고 말았고, 더 이상 우리 팀의 추가 (2)( )이/가 발생하지 않아 아쉽게 패배하였다.

6

운동을 하기 전에 스트레칭을 충분히 하면 근육과 관절을 늘이고 풀어 주어 몸의 (1)( )을/를 향상시킬 수 있다. 동시에 충격을 흡수하는 기능도 향상되어서 운동 중에 겪을 (2)( )의 위험을 감소시켜 준다.

[7~8] 다음 글의 밑줄 친 낱말을 넣어 문장을 만들어 쓰세요.

우리 학교의 오랜 전통으로, 모두가 기다리는 '제16회 미니 올림픽'이 9월에 개최됩니다. 기존에 있던 구기 종목과 육상 종목에 이어 이번에는 새롭게 줄넘기 종목이 추가되었습니다. 축구와 농구 시합은 토너먼트 방식으로 우승 반을 뽑고, 육상과 줄넘기는 반에서 예선을 거쳐 선발된 대표 한 명씩을 모아 결승을 치릅니다. 많은 학생들의 열정적인 참여를 기다립니다.

7 종목 : 여러 가지 종류에 따라 나눈 항목.

_____

8 결승 : 운동 경기 등에서, 마지막으로 승부를 가리는 시합.

_____

한 걸음 더!

오늘의
나의 실력은?
최고야   좋았어   힘내자

8주 5일
정답 확인

○ '競'(경)이 들어간 낱말은 '겨루다, 경쟁하다'와 관련 있어요. '競'(경)이 들어간 낱말을 알아보아요.

어휘 6단계 8주 5일 ④

경기
운동이나 기술 등의
능력을 서로 겨룸.

경주
사람, 동물, 차량 등이
일정한 거리를 달려 빠르기를 겨루는 일.

競
다툴 경

경쟁
같은 목적에 대하여 이기거나
앞서려고 서로 겨룸.

경보
일정한 거리를 규정에 따라
걸어 빠르기를 겨루는 경기.

Q 다음 문장에 알맞은 낱말을 찾아 ○표 하세요.

(1) (경기, 경보)를 할 때에는 뛰지 말고 걸어야 한다.
(2) 두 방송사 간에 시청률 (경쟁, 경주)이/가 치열하다.
(3) 축구 (경기, 경주)는 11명이 조직적으로 움직여야 한다.

루
하 어휘
한장

바른답과
학부모 가이드

6단계 (5~6학년)

하루 한장 어휘의
효율적인 학습을 위한 특별 제공

1

"바른답과 학부모 가이드"의 앞표지를 넘기면 '학습 계획표'가 있어요. 아이와 함께 학습 계획을 세워 보세요.

2

"바른답과 학부모 가이드"의 뒤표지를 앞으로 넘기면 '붙임 학습판'이 있어요. 붙임딱지를 붙여 붙임 학습판이 그림을 완성해 보세요.

3

그날의 학습이 끝나면 '정답 확인' QR 코드를 찍어 학습 인증을 하고 하루템을 모아 보세요.

어휘 6단계 주제 학습 계획표

주차	일	읽기 목표	학습 내용	학습한 날	부모님 확인
1주	1일	문학 작품 읽기와 관련된 말	갈래, 감상하다, 비유하다, 시화, 시조, 심상, 운율, 읊다	월 일	
	2일		소설, 인물, 사건, 배경, 장면, 전개되다, 서술하다, 시점	월 일	
	3일		가치관, 고백적, 담담하다, 사색, 성찰, 여운, 정서, 짐작하다	월 일	
	4일		대사, 무대, 배역, 배우, 분장하다, 소품, 연기, 지문	월 일	
	5일		1주 복습	월 일	
2주	1일	비문학 작품 읽기와 관련된 말	관점, 논설문, 비판하다, 의도, 이치, 적절성, 타당하다, 판단하다	월 일	
	2일		공통점, 대상, 대조, 분류, 비교, 설명문, 열거, 정보	월 일	
	3일		감상, 견문, 기이하다, 묘사하다, 방문하다, 여정, 유적, 풍광	월 일	
	4일		간결하다, 기사, 명확하다, 신속하다, 여론, 취재하다, 특종, 호응	월 일	
	5일		2주 복습	월 일	
3주	1일	매체 자료와 관련된 말	문구, 서적, 인쇄물, 잡지, 전단, 출간하다, 활자, 회람하다	월 일	
	2일		녹음하다, 녹화하다, 발표하다, 방영하다, 시청하다, 음향, 자막, 효과	월 일	
	3일		게시하다, 공유하다, 관여하다, 방대하다, 원격, 유도하다, 제약, 익명	월 일	
	4일		공식적, 과장하다, 비평적, 소견, 악용하다, 인용하다, 편중되다, 허위	월 일	
	5일		3주 복습	월 일	
4주	1일	정치, 경제와 관련된 말	법안, 법치, 분쟁, 선출하다, 제정하다, 준수하다, 집행하다, 판결하다	월 일	
	2일		개진하다, 인권, 정의롭다, 존엄하다, 주권, 차별, 침해하다, 편견	월 일	
	3일		가계, 고용, 구입하다, 기업, 소비, 수요, 수입, 임금	월 일	
	4일		경제 활동, 교역, 내수, 노사, 빈부, 수출하다, 준공, 투자	월 일	
	5일		4주 복습	월 일	
5주	1일	세계의 여러 나라와 관련된 말	경도, 위도, 적도, 북반구, 대륙, 대양, 영토, 지구본	월 일	
	2일		고유성, 국경, 국기, 독특하다, 민족, 수도, 인종, 종교	월 일	
	3일		관세, 구호하다, 기아, 빈곤, 외교, 인류애, 지구촌, 통일	월 일	
	4일		관습, 기여하다, 다양성, 배척하다, 완화되다, 조력, 포용하다, 협약	월 일	
	5일		5주 복습	월 일	
6주	1일	자연, 우리 생활과 관련된 말	가공하다, 솎다, 습성, 원예, 작물, 조경, 조성하다, 척박하다	월 일	
	2일		경작지, 교외, 귀촌, 도시, 도시화, 식생, 종사하다, 촌락	월 일	
	3일		가시거리, 불쾌지수, 서리, 육풍, 일조량, 자욱하다, 해풍, 황사	월 일	
	4일		가옥, 부패하다, 수선하다, 식기, 주거, 주식, 착용하다, 향신료	월 일	
	5일		6주 복습	월 일	
7주	1일	운동, 에너지와 관련된 말	가열하다, 단열, 달구다, 대류, 수온, 어림하다, 온도계, 전도	월 일	
	2일		감지하다, 낙하하다, 도달하다, 속력, 왕복하다, 제동하다, 주행하다, 충돌하다	월 일	
	3일		감전, 누전, 도체, 병렬, 전류, 전자석, 직렬, 합선	월 일	
	4일		동력, 매장, 손실되다, 에너지, 연료, 원전, 재생하다, 정전	월 일	
	5일		7주 복습	월 일	
8주	1일	스포츠와 관련된 말	민첩하다, 부상, 숙련되다, 순발력, 유연성, 지구력, 체력, 탄성	월 일	
	2일		규정, 득점, 무승부, 반칙, 승패, 오심, 퇴장하다, 판정하다	월 일	
	3일		경기장, 관람하다, 관중, 구가하다, 만끽하다, 몰입하다, 역동적, 중계하다	월 일	
	4일		개막, 결승, 공정성, 예선, 메달, 올림픽, 종목, 채택하다	월 일	
	5일		8주 복습	월 일	

어휘

바른답과
학부모 가이드

6단계 (5~6학년)

※ 예쁜 붙임딱지를 붙이면서 하루 한장과 함께 즐겁게 공부해 보세요!

1주 문학 작품 읽기와 관련된 말

✏️ ❶ 갈래 ❷ 감상 ❸ 비유 ❹ 시화 ❺ 시조
❻ 심상 ❼ 운율 ❽ 읊다

1 (1) ㉢ (2) ㉠ (3) ㉡ (4) ㉣

2 (1) 평가하다 (2) 반복되는

3 (1) 운율 (2) 시조 (3) 심상

4 우경

5 ㉠, ㉢

6 (1) ㉠ (2) ㉡

7 (2) ○

8 ③

9 ④

3 (1)에는 '시에서 비슷한 소리의 특성이 일정하게 반복되는 형식.'을 뜻하는 '운율'이, (2)에는 '고려 말기부터 발달하여 조선 시대에 많이 지어진 우리나라 고유의 시.'를 뜻하는 '시조'가, (3)에는 '감각에 의하여 획득한 현상이 마음속에서 재생된 것.'을 뜻하는 '심상'이 들어가기에 알맞습니다.

4 우경이는 '예술 작품이나 경치 등을 이해하여 즐기고 평가하다.'라는 뜻의 '감상하다'를 넣어 '박물관에서 신사임당이 그린 그림을 감상했어.'라고 말해야 합니다.

5 '심상'과 뜻이 비슷한 낱말은 '마음속에 떠오르는 사물에 대한 생각이나 느낌.'이라는 뜻의 '이미지'입니다. '주제'는 '소설, 그림, 영화 등과 같은 예술 작품에서 지은이가 표현하고자 하는 주된 생각.'을 뜻합니다.

6 '시조'가 (1)의 뜻으로 쓰인 문장은 ㉠이고, (2)의 뜻으로 쓰인 문장은 ㉡입니다.

7 일주일이 지난 지금까지도 다양한 인쇄 기계들의 신기한 모습과 여러 책들의 표지들이 떠오르는 것 같다는 내용이 되도록 '눈에 어리는'이 들어가는 것이 알맞습니다.

8 '비유하다'와 뜻이 비슷한 낱말은 '어떤 것을 직접 말하지 않고 비슷한 것을 끌어와 그것에 비유해서 말하거나 에둘러서 말하다.'라는 뜻의 '빗대다'입니다.

9 이 글에 윤동주의 가족 관계에 대한 내용은 나와 있지 않습니다.

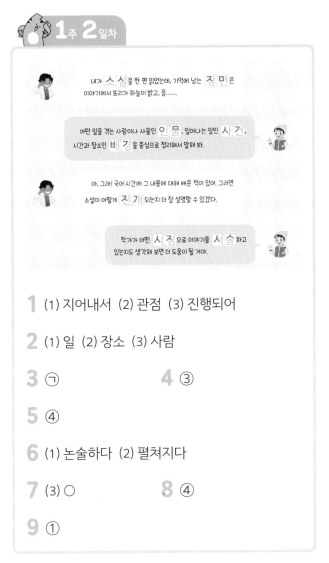

내가 소설을 한 편 읽었는데, 기억에 남는 장면은 이야기에서 또리가 하늘이 밝고, 음…….

어떤 일을 겪는 사람이나 사물인 인물, 일어나는 일인 사건, 시간과 장소인 배경을 중심으로 정리해서 말해 봐.

아, 그래! 국어 시간에 그 내용에 대해 배운 적이 있어. 그러면 소설이 어떻게 진개 되는지 더 잘 설명할 수 있겠다.

작가가 어떤 시점으로 이야기를 서술하고 있는지도 생각해 보면 더 도움이 될 거야.

1 (1) 지어내서 (2) 관점 (3) 진행되어

2 (1) 일 (2) 장소 (3) 사람

3 ㉠

4 ③

5 ④

6 (1) 논술하다 (2) 펼쳐지다

7 (3) ○

8 ④

9 ①

3 ㉠은 '배경'이 들어가기에 알맞은 문장입니다.

4 ㉠에는 '작가가 지어내어 쓴, 이야기 형식으로 된 문학 작품.'이라는 뜻의 '소설'이 들어가기에 알맞고, ㉡에는 '이야기가 펼쳐지는 시간과 장소.'라는 뜻의 '배경'이 들어가기에 알맞습니다.

5 '소설'과 뜻이 비슷한 낱말은 '이야기'입니다.

6 (1) '서술하다'와 뜻이 비슷한 낱말은 '어떤 것에 관하여 의견을 논리적으로 서술하다.'라는 뜻의 '논술하다'입니다. (2) '전개되다'와 뜻이 비슷한 낱말은 '보고 듣거나 감상할 수 있도록 사람들 앞에 주의를 끌 만한 상태로 나타내어지다.'라는 뜻의 '펼쳐지다'입니다.

7 은혜를 잊지 않고 갚은 제비의 모습에 어울리는 한자 성어는 '각골난망'입니다.

8 '전개되다'와 뜻이 비슷하여 바꾸어 쓸 수 있는 낱말은 '어떤 일이 일어나는 상황이나 모습이 눈앞에 펼쳐져 보이다.'라는 뜻의 '벌어지다'입니다.

✏️ (1) 여운 (2) 짐작

1 (1) 평온하다 (2) 헤아리다 (3) 생각하고

2 (1) ㉰ (2) ㉯ (3) ㉯

3 ㉠, ㉢　　　　4 (1) 가치관 (2) 사색

5 감정　　　　　6 ①

7 (1) ○　　　　　8 ④

9 ①

1 '담담하다'는 '차분하고 평온하다.', '짐작하다'는 '사정이나 형편 등을 어림잡아 헤아리다.', '사색'은 '어떤 것에 대하여 깊이 생각하고 이치를 따짐.'이라는 뜻의 낱말입니다.

2 (1)은 '가치관', (2)는 '고백적', (3)은 '정서'의 뜻으로 알맞습니다.

3 ㉢은 '엄마는 내가 학원에서 겪은 일을 대강 짐작하고 있는 것 같았다.'라고 하는 것이 알맞습니다.

4 (1)은 전기문을 읽고 인물의 태도나 판단의 기준을 알아보았다는 것이므로 '가치관'이 들어가기에 알맞고, (2)는 아빠가 창밖을 바라보며 깊은 생각에 잠기셨다는 뜻의 문장이므로 '사색'이 들어가기에 알맞습니다.

5 '정서'와 뜻이 비슷한 낱말은 '어떤 현상이나 일에 대하여 일어나는 마음이나 느끼는 기분.'이라는 뜻의 '감정'입니다.

6 '사색'은 '고요히 눈을 감고 깊이 생각함. 또는 그런 생각.'이라는 뜻을 가진 '명상'과 뜻이 비슷합니다.

7 집에서 쫓겨났던 사씨가 결국 남편과 아들을 되찾고, 나쁜 짓을 한 교씨는 벌을 받았다는 내용에 어울리는 한자 성어는 '사필귀정'입니다.

8 '성찰'과 뜻이 비슷한 낱말은 '자신의 말이나 행동을 되돌아보면서 잘못을 살피거나 그것을 깨닫고 뉘우침.'이라는 뜻의 '반성'입니다.

9 아빠는 이와 개에 대한 이야기인 「슬견설」을 통해 모든 생명은 똑같이 소중하다는 뜻을 전하고자 한 것입니다.

✏️ 윤정 ✕　지혁 ✕　정아 ○

1 (1) ㉡ ○ (2) ㉠ ○

2 (1) 인물 (2) 동작

3 (3) ○　　　　4 ①

5 (1) ㉣ (2) ㉠

6 (1) ㉠ (2) ㉡

7 (3) ○　　　　8 ①

9 ⑤

1 (1)의 ㉠은 '분장', (2)의 ㉡은 '조명'의 뜻입니다.

2 '배우'는 '영화나 연극, 드라마 등에 나오는 인물의 역할을 맡아서 연기하는 사람.'을 뜻하고, '지문'은 '희곡에서 해설과 대사를 제외한, 인물의 동작이나 표정, 심리 등을 서술한 글.'을 뜻합니다.

3 빈칸에는 '배우에게 역할을 나누어 맡기는 일. 또는 그 역할.'을 뜻하는 '배역'이 들어가야 합니다.

4 ①에는 '연극이나 영화 등에서 무대 장치나 분장 등에 쓰는 작은 도구.'라는 뜻의 '소품'을 사용하는 것이 알맞습니다.

5 (1) '배역'과 뜻이 비슷한 낱말은 '드라마, 연극, 영화 등에서 맡은 배역.'이라는 뜻의 '역할'이고, (2) '분장하다'와 뜻이 비슷한 낱말은 '등장인물의 성격, 나이, 특징 등에 맞게 배우를 꾸미다.'라는 뜻의 '분하다'입니다.

6 ㉠에 쓰인 '연기'는 '정해진 기한을 뒤로 물려서 늘림.'이라는 뜻이고, ㉡에 쓰인 '연기'는 '배우가 배역의 인물, 성격, 행동 등을 표현해 내는 일.'이라는 뜻입니다.

7 연극에 나온 유명한 배우의 연기가 무척 뛰어났다는 내용에 어울리는 한자 성어는 '명불허전'입니다.

8 배우가 하는 말을 가리키는 낱말은 '대사'입니다.

9 희곡은 무대 위 상연을 목적으로 하고, 시나리오는 영화나 드라마의 상영을 목적으로 합니다.

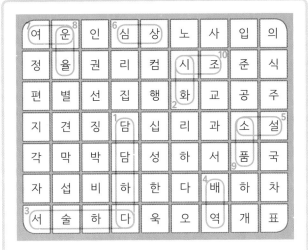

여	운	인	심	상	노	사	입	의
정	율	권	리	컴	시	조	준	식
편	별	선	집	행	화	교	공	주
지	견	징	담	십	리	과	소	설
각	막	박	담	성	하	서	품	국
자	섭	비	하	한	다	배	하	차
서	술	하	다	욱	오	역	개	표

1 (2) ○   **2** (2) ○

3 ㉢, ㉣   **4** ㉡, ㉤

5 비유한   **6** 성찰

7 예 학생들의 그림을 감상할 수 있도록 복도에 전시할 예정이다.

8 예 나는 수진이의 이야기를 듣고 어제 도윤이와 준우가 왜 싸웠는지 짐작했다.

한 걸음 더! (1) 작문 (2) 문맹 (3) 문집

3 '하나에서 둘 이상으로 갈라져 나간 부분이나 가닥.'을 뜻하는 '갈래'와 뜻이 비슷한 낱말은 '사물의 부문을 나누는 갈래.'라는 뜻의 '종류'입니다.

4 '사정이나 형편 등을 어림잡아 헤아리다.'라는 뜻의 '짐작하다'와 뜻이 비슷한 낱말은 '사물을 어림잡아 헤아리다.'라는 뜻의 '가늠하다'입니다.

5 사군자는 네 가지 식물의 장점을 덕과 학문이 뛰어난 사람에 빗대어 설명한 표현이기도 하다는 내용이 되도록 '비유한'이 들어가는 것이 알맞습니다.

6 끊임없이 반성하고 살폈다는 내용이 되도록 '성찰'이 들어가는 것이 알맞습니다.

한 걸음 더! (1) 글을 짓는 실력이 뛰어나다는 말이므로 '작문'이 알맞습니다. (2) 글을 읽거나 쓸 줄 모르는 상태를 벗어났다는 말이므로 '문맹'이 알맞습니다. (3) 시를 모아서 엮은 책을 만들었다는 말이므로 '문집'이 알맞습니다.

2주 비문학 작품 읽기와 관련된 말

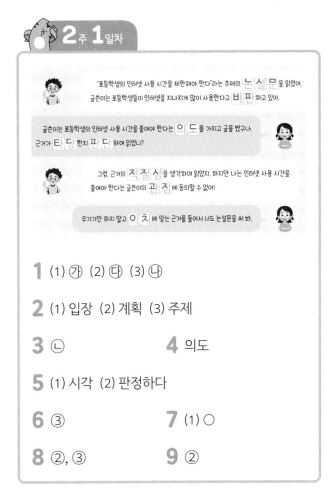

1 (1) ㉮ (2) ㉰ (3) ㉯

2 (1) 입장 (2) 계획 (3) 주제

3 ㉡   **4** 의도

5 (1) 시각 (2) 판정하다

6 ③   **7** (1) ○

8 ②, ③   **9** ②

3 ㉡은 논설문을 읽을 때에는 표현이 알맞은지 판단하며 읽어야 한다는 뜻의 문장으로, '적절성'이 들어가기에 알맞습니다. ㉠과 ㉢에는 '가능성'이 들어가기에 알맞습니다.

4 빈칸에 공통으로 들어갈 낱말은 '무엇을 하고자 하는 생각이나 계획. 또는 무엇을 하려고 꾀함.'을 뜻하는 '의도'입니다.

5 '무엇을 보고 이해하고 판단하는 관점.'이라는 뜻의 '시각'이 '관점'과 뜻이 비슷한 낱말이고, '옳고 그름이나 좋고 나쁨을 판단하여 결정하다.'라는 뜻의 '판정하다'가 '판단하다'와 뜻이 비슷한 낱말입니다.

6 '이치'와 뜻이 비슷한 낱말은 '사물의 본질이나 바탕이 되는 이치.'라는 뜻의 '원리'입니다.

7 악성 댓글에 시달리는 경우가 수두룩하게 생겨나고 있다는 내용에 어울리는 한자 성어는 '비일비재'입니다.

8 '타당하다'와 뜻이 비슷한 낱말은 '이치로 보아 마땅히 그렇다.'라는 뜻의 '당연하다'와 '옳거나 이치에 맞거나 당연하다.'라는 뜻의 '마땅하다'입니다.

✏️ 예준 ✕ 지아 ✕ 민하 ○

1 (1) 대조 (2) 대상 (3) 정보

2 (1) 같은 (2) 나눔 (3) 늘어놓음

3 (1) 비교 (2) 분류 (3) 열거

4 서연

5 (1) ㉰ (2) ㉮ (3) ㉯

6 ③　　　　**7** (2) ○

8 ②, ④　　　**9** ③

2 '공통점'은 '여럿 사이에 서로 같은 점.', '분류'는 '여럿을 종류에 따라서 나눔.', '열거'는 '여러 가지 예나 사실을 낱낱이 죽 늘어놓음.'이라는 뜻입니다.

3 (1)에는 '둘 이상의 것을 함께 놓고 어떤 점이 같고 다른지 살펴봄.'이라는 뜻의 '비교'가, (2)에는 '여럿을 종류에 따라서 나눔.'이라는 뜻의 '분류'가, (3)에는 '여러 가지 예나 사실을 낱낱이 죽 늘어놓음.'이라는 뜻의 '열거'가 들어가기에 알맞습니다.

4 '공통점'은 '여럿 사이에 서로 같은 점.'이라는 뜻이므로, 서연이는 낱말을 잘못 사용하였습니다.

5 '일정한 기준에 따라 전체를 몇 개로 갈라 나눔.'이라는 뜻의 '구분'은 '분류'와, '죽 벌여 놓음. 또는 죽 벌여 있음.'이라는 뜻의 '나열'은 '열거'와, '서로 비슷한 점.'이라는 뜻의 '유사점'은 '공통점'과 뜻이 비슷한 낱말입니다.

6 '비교'와 뜻이 비슷한 낱말은 '두 가지의 차이를 알아보기 위하여 서로 맞대어 비교함. 또는 그런 비교.'라는 뜻의 '대비'입니다.

7 멘델이 죽고 난 후에야 멘델의 유전 법칙이 값어치를 드러냈다는 내용이므로, '빛을 발하다'의 뜻이 (2)와 같음을 짐작할 수 있습니다.

8 ㉠에 들어갈 알맞은 낱말은 '어떤 사실이나 현상을 관찰하거나 측정하여 모은 자료를 정리한 지식. 또는 그 자료.'라는 뜻의 '정보'와 '어떤 대상에 대하여 배우거나 직접 경험하여 알게 된 내용.'이라는 뜻의 '지식'입니다.

✏️ ❶ 감상 ❷ 견문 ❸ 기이 ❹ 묘사 ❺ 방문
❻ 여정 ❼ 유적 ❽ 풍광

1 (1) ㉮ (2) ㉰ (3) ㉯

2 (1) ㉡ ○ (2) ㉡ ○

3 ㉠　　　　　**4** ③

5 ①　　　　　**6** ②, ④

7 (2) ○　　　**8** ③

9 ⑤

1 (1)은 '기이하다', (2)는 '방문하다', (3)은 '묘사하다'의 뜻으로 알맞습니다.

2 '풍광'은 '산이나 들, 강, 바다 등의 자연이나 지역의 모습.', '여정'은 '여행의 과정이나 일정.'이라는 뜻입니다.

3 ㉡과 ㉢에는 '어떤 곳의 경치, 상황, 풍속 등을 찾아가서 구경함.'이라는 뜻의 '관광'이 들어가는 것이 알맞습니다.

4 ㉠에는 '여행하면서 보고 들은 것.'을 뜻하는 '견문'이, ㉡에는 '여행하면서 든 생각이나 느낌.'을 뜻하는 '감상'이 들어가는 것이 알맞습니다.

5 '여정'과 뜻이 비슷한 낱말은 '목적지까지의 경로나 일정.'이라는 뜻의 '노정'이고, '풍광'과 뜻이 비슷한 낱말은 '산이나 들, 강, 바다 등의 자연이나 지역의 모습.'이라는 뜻의 '풍경'입니다.

6 '기이하다'와 뜻이 비슷한 낱말은 '보통과 달리 아주 이상하다.'라는 뜻의 '괴상하다'와 '정상적인 것과 다르다.'라는 뜻의 '이상하다'입니다.

7 시대가 달라지면서 명절 문화가 달라지고 있다는 내용에 어울리는 한자 성어는 '격세지감'입니다.

8 '자연이나 지역의 아름다운 모습.'이라는 뜻의 '경치'와 뜻이 비슷한 낱말은 '풍광'입니다.

9 푸른 바다는 글쓴이가 문경 새재 도립 공원에서 본 것이 아닙니다.

✏️ (1) 여론 (2) 명확한

1 (1) ㉢ (2) ㉣ (3) ㉠ (4) ㉡

2 (1) 의견 (2) 조사하여

3 (1) 신속하게 (2) 호응

4 현진　　**5** (1) ㉡ (2) ㉣

6 (1) ㉠ (2) ㉡　　**7** (1) ○

8 ②　　**9** ④

1 '기사'는 '신문이나 잡지 등에서, 어떠한 사실을 알리는 글.', '특종'은 '어떤 특정한 신문사나 잡지사에서만 단독으로 실은 중요한 기사.', '명확하다'는 '명백하고 확실하다.', '신속하다'는 '매우 날쌔고 빠르다.'라는 뜻입니다.

2 '여론'은 '한 사회의 사람들이 공통적으로 가지고 있는 의견.'이라는 뜻이고, '취재하다'는 '신문이나 잡지의 기사나 작품의 재료를 조사하여 얻다.'라는 뜻입니다.

3 (1)에는 '매우 날쌔고 빠르게.'라는 뜻의 '신속하게'가, (2)에는 '앞에 어떤 말이 오면 거기에 응하는 말이 따라옴. 또는 그런 일.'이라는 뜻의 '호응'이 들어가야 합니다.

4 현진이는 '서아는 말할 때 발음이 명확해서 잘 알아들을 수 있어.'와 같이 말해야 합니다.

5 '신속하다'와 뜻이 비슷한 낱말은 '어떤 일이 이루어지는 과정이나 기간이 짧다.'라는 뜻의 '빠르다'이고, '명확하다'와 뜻이 비슷한 낱말은 '어떤 사실이 틀림이 없이 확실하다.'라는 뜻의 '분명하다'입니다.

6 ㉠에 쓰인 '특종'은 '특별한 종류.'라는 뜻이고, ㉡에 쓰인 '특종'은 '어떤 특정한 신문사나 잡지사에서만 단독으로 실은 중요한 기사.'라는 뜻입니다.

7 눈앞에 벌어진 문제만 가린다는 것과 관계있는 속담은 '눈 가리고 아웅'입니다.

8 '여론'과 뜻이 비슷한 낱말은 '어떤 문제에 대한 사회 여러 사람들의 공통된 의견.'이라는 뜻의 '공론'입니다.

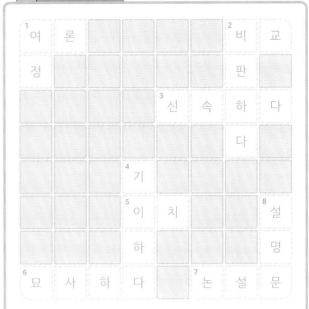

1 (2) ○　　**2** (1) ○

3 ①　　**4** ④

5 ②　　**6** ④

7 예 이 그림은 사람의 생김새를 자세하게 묘사했다.

8 예 인터넷으로 날씨에 대한 정보를 얻었다.

한 걸음 더! (1) 발설 (2) 설득 (3) 연설

3 '무엇을 하고자 하는 생각이나 계획. 또는 무엇을 하려고 꾀함.'이라는 뜻의 '의도'와 뜻이 비슷한 낱말은 '마음에 있는 생각이나 의견.'이라는 뜻의 '뜻'입니다

4 '어떤 사람이나 장소를 찾아가서 만나거나 보다.'라는 뜻의 '방문하다'와 뜻이 비슷한 낱말은 '어떤 사람을 만나거나 어떤 곳을 보러 그와 관련된 장소로 옮겨 가다.'라는 뜻의 '찾다'입니다.

5 다른 제품과 함께 놓고 어떤 제품의 나트륨이 더 많은지 살펴보게 한다는 내용이 되도록 '비교'가 들어가는 것이 알맞습니다.

한 걸음 더! (1) 남에게 비밀을 말하지 말라는 뜻이므로 '발설'이 알맞습니다. (2) 친구가 자신의 이야기를 따르도록 깨우쳐 말해 발표를 하게 되었다는 뜻이므로 '설득'이 알맞습니다. (3) 여러 사람 앞에서 자기의 생각이나 주장을 말하는 일이 끝나자 사람들이 박수를 쳤다는 뜻이므로 '연설'이 알맞습니다.

3주 1일차

✒ ❶ 문구 ❷ 서적 ❸ 인쇄물 ❹ 잡지
❺ 전단 ❻ 출간 ❼ 활자 ❽ 회람

1 (1) ㉠ (2) ㉡ (3) ㉣ (4) ㉢

2 (1) 돌려보다 (2) 책

3 (1) 잡지 (2) 문구 (3) 활자

4 의준

5 (1) ㉠ (2) ㉡

6 ④

7 (1) ○

8 ③

9 ②

3 (1)에는 매달 서점으로 사러 간다고 했으므로 '잡지'가 알맞습니다. (2)에는 책을 읽다가 밑줄을 긋고 외운다고 했으므로 '문구'가 알맞습니다. (3)에는 각종 서적과 불경을 찍어 낸다고 했으므로 '활자'가 알맞습니다.

4 '인쇄물'은 인쇄된 물건을 말하므로 의준이는 낱말을 잘못 사용한 것입니다. 의준이는 '인쇄물' 대신 '특산물' 등의 낱말을 사용해야 합니다.

5 '광고 문구'에 쓰인 '문구'는 '특정한 뜻을 나타내는, 몇 낱말로 된 말.'을 뜻하고, '문구 꾸러미'에 쓰인 '문구'는 '학용품과 사무용품 등을 통틀어 이르는 말.'을 뜻합니다.

6 '출간하다'는 '글, 그림, 악보 등을 책으로 만들어 세상에 내놓다.'라는 뜻이므로 '선거에 나가다.'라는 뜻의 '출마하다'와는 뜻이 비슷하지 않습니다.

7 (2)는 '입이 쓰다'의 뜻이고, (3)은 '입을 딱 벌리다'의 뜻입니다.

8 '서적'은 '글이나 그림 등을 인쇄하여 묶어 놓은 것.'을 뜻하므로 '글자로 기록한 문서.'를 뜻하는 '서류'와 뜻이 비슷하지 않습니다.

9 『직지』는 상하 2권 중 하권만 남아 있는데 하권의 39장 중 첫째 장은 없고 총 38장만 남아 있다고 했습니다.

3주 2일차

✒ 윤정 ✕ 지혁 ✕ 정아 ○

1 (1) ㉡ ○ (2) ㉡ ○

2 (1) 소리 (2) 글자 (3) 분위기

3 (1) 발표하기 (2) 녹화해서 (3) 효과

4 ㉠

5 (1) 녹음했다 (2) 발표했다 (3) 시청했다

6 ③

7 (3) ○

8 ㉠

9 ②

2 '녹음하다'는 '테이프나 영화 필름 등에 소리를 기록하다.', '자막'은 '영화나 텔레비전 등에서, 관객이나 시청자가 읽을 수 있도록 화면에 보여 주는 글자.', '효과'는 '영화나 연극 등에서 소리나 빛, 컴퓨터 그래픽 등을 이용하여 그 장면에 어울리는 분위기를 만드는 일.'을 뜻합니다.

3 (1) 의견을 말하려고 한 것이므로 '발표하기'가 어울립니다. (2) 자주 함께 보신다고 했으므로 '녹화해서'가 알맞습니다. (3) 앞에 '특수'라는 말이 있으므로 '효과'가 어울립니다.

4 '음향'은 '물체에서 나는 소리와 그 울림.'을 뜻하므로 ㉠에는 알맞지 않습니다. ㉠에는 '음성' 등의 낱말이 알맞습니다.

5 (1) 소리를 기록했다고 했으므로 '녹음하다'와, (2) 세상에 드러내어 널리 알렸다고 했으므로 '발표하다'와, (3) 텔레비전 방송을 눈으로 보고 귀로 들었다고 했으므로 '시청하다'와 바꾸어 쓸 수 있습니다.

6 '방영하다'는 '텔레비전이나 라디오를 통하여 사람들이 보고 들을 수 있게 소리나 화면 등을 전파로 내보내다.'라는 뜻의 '방송하다'와 뜻이 비슷합니다.

7 영화를 볼 때 이왕이면 더 좋은 자리를 예매해 보자는 내용을 말하고 있으므로 '같은 값이면 다홍치마'가 어울립니다.

8 청각 장애인들을 위해 방송의 장면에 넣어야 한다고 했으므로 '자막'이 알맞습니다.

9 영화는 자칫 무거워질 수 있는 소재를 다루고 있지만 흥겨운 음악을 더한 음향 효과를 통해 밝고 긍정적인 기운을 준다고 했습니다.

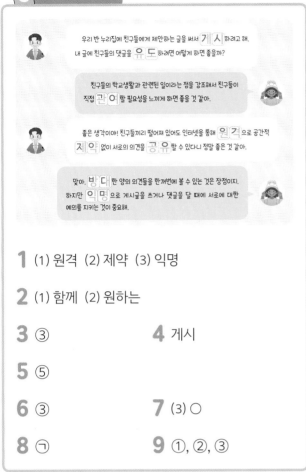

1 (1) 원격 (2) 제약 (3) 익명

2 (1) 함께 (2) 원하는

3 ③

4 게시

5 ⑤

6 ③

7 (3) ○

8 ㉠

9 ①, ②, ③

3 ㉠에는 '규모나 양이 매우 크거나 많다.'라는 뜻의 '방대하다'가, ㉡에는 '어떤 일에 관계하여 참여하다.'라는 뜻의 '관여하다'가 알맞습니다.

4 두 문장 모두 여러 사람이 볼 수 있게 한다는 뜻의 낱말이 들어가야 하므로 '게시'가 알맞습니다. '게시하다'는 '여러 사람이 보거나 알 수 있도록 내걸어 두루 보게 하다.'를 뜻합니다.

5 '공유하다'는 '혼자서 다 가지다.'라는 뜻의 '독차지하다'와 뜻이 반대입니다.

6 '제약'은 '일정한 정도나 범위를 정하거나, 그 정도나 범위를 넘지 못하게 막음. 또는 그렇게 정한 한계.'를 뜻하는 '제한'과 뜻이 비슷하고, '관여하다'는 '어떤 방면이나 영역에 관련을 맺고 있다.'를 뜻하는 '관계하다'와 뜻이 비슷합니다.

8 '게시하다'는 '컴퓨터 통신망이나 인터넷 신문에 파일, 글, 기사 등을 게시하다.'라는 뜻의 '올리다'와 뜻이 비슷합니다.

9 글쓴이는 인터넷 실명제가 표현의 자유를 침해하고 다양성과 창의성을 저해하며, 개인 정보 유출의 가능성을 높이기 때문에 인터넷 실명제의 도입을 반대합니다.

✏️ (1) 소견 (2) 인용

1 (1) ㉠ (2) ㉡ (3) ㉣ (4) ㉢

2 (1) 되다 (2) 불러서

3 ③

4 ㉢

5 (1) ㉮ (2) ㉣ (3) ㉡

6 비

7 (1) ○

8 (1) 비판적 (2) 맹목적

9 ③

2 '편중되다'는 '한쪽으로 치우치게 되다.'라는 뜻이고, '과장하다'는 '사실보다 지나치게 불러서 나타내다.'라는 뜻입니다.

3 ③의 '허위'는 '진실이 아닌 것을 진실인 것처럼 꾸민 것.'을 뜻하므로 알맞지 않습니다. '허위' 대신 '허점'이나 '약점'이 들어가는 것이 알맞습니다.

4 '소견'은 '어떤 일이나 사물을 보고 느낀 생각이나 의견.'을 뜻하므로 ㉢이 알맞습니다.

5 '인용하다'는 '다른 사람의 말이나 글, 어떤 사실을 자기 것에 가져다 쓰다.'라는 뜻의 '끌어오다'와, '편중되다'는 '한쪽으로 기울어지거나 쏠리다.'라는 뜻의 '치우치다'와 '과장하다'는 '일, 사건 등을 실제보다 크게 알리다.'라는 뜻의 '부풀리다'와 뜻이 비슷합니다.

6 '공식적'과 뜻이 반대인 낱말은 '비공식적'입니다. '비공식적'은 '국가적으로나 사회적으로 인정되지 않고 사사로운 것.'을 뜻합니다.

8 '비평적'과 뜻이 비슷한 낱말은 '현상이나 사물의 옳고 그름을 판단하여 밝히거나 잘못된 점을 지적하는 것.'을 뜻하는 '비판적'이고, 뜻이 반대인 낱말은 '사실을 옳게 보거나 판단하지 못한 채로 무조건 행동하는 것.'을 뜻하는 '맹목적'입니다.

9 이 글은 허위·과장 광고가 많으므로 소비자들의 주의가 요구된다는 내용을 쓴 기사문입니다. 기사문은 앞부분에 중심 내용을 담고 있는 경우가 많습니다.

자	막	류	과	효	과	장	비	활
정	비	계	장	모	이	평	약	자
설	교	제	하	집	적	발	명	하
악	용	하	다	설	방	영	하	다
호	응	리	비	명	대	서	연	개
인	용	하	다	문	하	적	절	성
참	여	러	과	구	다	원	인	곽

1 ②   **2** ②

3 ㄹ, ㅁ   **4** ㄴ, ㄷ

5 출간하지는   **6** 편중된

7 예 우리 부모님은 나의 게임 시간에 엄격한 제약을 두신다.

8 예 앞으로는 학교에 직접 가지 않고 원격으로 수업을 받는 일이 많아질 것이다.

한 걸음 더! (1) 공고 (2) 공약 (3) 공영

3 '허위'는 '진실이 아닌 것을 진실인 것처럼 꾸민 것.'을 뜻하는 낱말로, '거짓'과 뜻이 비슷합니다.

4 '공유하다'는 '두 사람 이상이 어떤 것을 함께 가지고 있다.'라는 뜻으로, '혼자서 다 가지다.'라는 뜻의 '독점하다'와 뜻이 반대입니다.

5 앞부분에 글을 썼다는 내용이 나오므로 '글, 그림, 악보 등을 책으로 만들어 세상에 내놓다.'라는 뜻의 '출간하다'가 알맞습니다.

6 어느 한쪽으로 치우친 시각을 가지고 있지 않은지 생각해야 한다는 내용이므로 '한쪽으로 치우치게 되다.'라는 뜻의 '편중되다'가 알맞습니다.

한 걸음 더! (1) 마을 축제에 대해 알리는 내용이 게시판에 붙었다는 뜻이므로 '공고'가 알맞습니다. (2) 공원을 만들겠다고 국민에게 약속한 사람이 당선되었다는 말이므로 '공약'이 알맞습니다. (3) 공적인 기관인 시에서 시민들의 건강을 위해 자전거를 운영하는 사업을 한다는 말이므로 '공영'이 알맞습니다.

4주 정치, 경제와 관련된 말

✏️ (1) 선출 (2) 준수

1 (1) ㉠ ○ (2) ㉡ ○

2 (1) 법 (2) 뽑다 (3) 지키다 (4) 법원

3 (1) 분쟁 (2) 법안 (3) 법치

4 (1) 준수하지 (2) 집행한 (3) 판결했다

5 ②, ③

6 위반하여   **7** (1) ○

8 (1) 뽑은 (2) 만드는 (3) 시행하는

9 (3) ○

3 (1) 다툼이 있는 지역으로 여행을 가면 위험하다는 뜻이므로 '분쟁'이 알맞습니다. (2) 국회에서 통과되었다고 했으므로 '법안'이 알맞습니다. (3) 법률에 의해 다스려지는 나라라고 했으므로 '법치'가 알맞습니다.

4 (1) 교칙을 지키지 않았다는 내용이므로 '준수하다'가 어울립니다. (2) 예산을 실제로 쓴 결과를 발표한다는 내용이므로 '집행하다'가 어울립니다. (3) 재판관이 결정을 내린 것이므로 '판결하다'가 어울립니다.

5 '분쟁'은 '의견이나 이해의 대립으로 서로 따지며 싸우는 일.'을 뜻하는 '다툼', '사람들이나 집단의 생각 또는 의견이 달라서 충돌함.'을 뜻하는 '마찰'과 뜻이 비슷합니다.

6 '준수하다'는 '법, 명령, 약속 등을 지키지 않고 어기다.'라는 뜻의 '위반하다'와 뜻이 반대입니다.

7 조국이 해방되기를 자나 깨나 잊지 못하고 기다렸다는 뜻이 되도록 '오매불망'을 넣는 것이 알맞습니다.

8 '선출하다'는 '어떠한 목적으로 선출하다.'라는 뜻의 '뽑다'와, '제정하다'는 '법이나 규칙 등을 정하다.'라는 뜻의 '만들다'와, '집행하다'는 '법률이나 명령 등을 일반 대중에게 알린 뒤에 실제로 그 효력을 나타내다.'라는 뜻의 '시행하다'와 뜻이 비슷합니다.

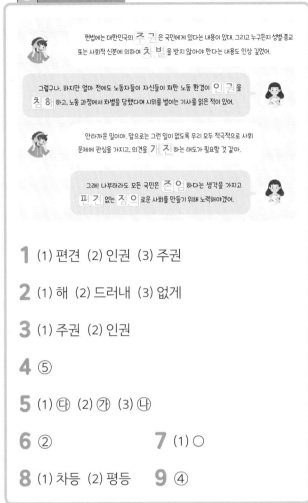

1 (1) 편견 (2) 인권 (3) 주권

2 (1) 해 (2) 드러내 (3) 없게

3 (1) 주권 (2) 인권

4 ⑤

5 (1) ㉰ (2) ㉮ (3) ㉯

6 ②   **7** (1) ○

8 (1) 차등 (2) 평등   **9** ④

---

3 (1) 일제 강점기에 우리나라가 일본에 빼앗긴 것이므로 '주권'이 알맞습니다. (2) 학생들의 기본적인 권리를 보호하기 위한 법안이 통과되었다는 내용이므로 '인권'이 알맞습니다.

4 ㉠에는 '어떤 사람이나 신분이 매우 높고 엄숙하다.'를 뜻하는 '존엄하다'가, ㉡에는 '둘 이상의 대상을 각각 등급이나 수준 등의 차이를 두어서 구별함.'을 뜻하는 '차별'이 알맞습니다.

5 '침해하다'는 '남의 땅이나 나라, 권리, 재산 등을 범하여 손해를 끼치다.'라는 뜻의 '침범하다'와, '개진하다'는 '생각이나 의견, 감정 등을 자유롭게 표현하거나 주장하다.'라는 뜻의 '펴다'와, '정의롭다'는 '이치에 맞아 올바르다.'라는 뜻의 '정당하다'와 뜻이 비슷합니다.

6 '존엄하다'는 '지위나 신분이 낮고 천하다.'라는 뜻의 '비천하다'와 뜻이 반대입니다.

8 '차별'은 '고르거나 가지런하지 않고 차별이 있음. 또는 그렇게 대함.'을 뜻하는 '차등'과 뜻이 비슷하고, '권리, 의무, 자격 등이 차별없이 고르고 똑같음.'을 뜻하는 '평등'과 뜻이 반대입니다.

✏ ❶ 가계 ❷ 고용 ❸ 구입 ❹ 기업 ❺ 소비
    ❻ 수요 ❼ 수입 ❽ 임금

1 (1) ㉯ (2) ㉮ (3) ㉰

2 (1) 돈 (2) 요구 (3) 이윤

3 ⑤   **4** ㉡

5 ②

6 (1) 공급 (2) 지출

7 (2) ○

8 ②   **9** ②, ③

---

2 '임금'은 '일을 한 대가로 받는 돈.'을, '수요'는 '어떤 소비의 대상이 되는 상품에 대한 요구.'를, '기업'은 '이윤을 얻기 위해 생산, 판매, 유통 등의 경제 활동을 하는 조직체.'를 뜻합니다.

3 ⑤의 '임금'은 '일을 한 대가로 받는 돈.'을 뜻하므로 알맞지 않습니다. ⑤에 알맞은 낱말은 '이자' 등입니다.

4 '고용'은 '돈을 주고 사람에게 일을 시킴.'을 뜻하므로 ㉡에 들어가기에 알맞습니다.

5 '임금'은 '일이나 노력의 대가로 받는 돈이나 물건.'을 뜻하는 '보수'와 뜻이 비슷합니다.

6 '수요'는 '교환하거나 판매하기 위하여 시장에 어떤 상품을 제공하는 일. 또는 그 제공된 상품의 양.'을 뜻하는 '공급'과 뜻이 반대이고, '수입'은 '어떤 목적을 위하여 돈을 지급하는 일.'을 뜻하는 '지출'과 뜻이 반대입니다.

7 가계 빚이 큰 폭으로 늘어 우리나라의 경제에 빨간불이 켜졌다고 했으므로 '언제 꺼질지 모르는 바람 앞의 등불이란 뜻으로, 매우 위태로운 처지에 놓여 있음을 비유적으로 이르는 말.'인 '바람 앞의 등불'이 어울립니다.

8 '구독하다'는 '책이나 잡지, 신문 등을 구입하여 읽다.'라는 뜻으로 '구입하다'와 뜻이 비슷하지 않습니다.

9 한국 소비자원은 소비자의 피해를 해결하는 데 도움을 주고 소비자에게 필요한 정보를 주기 위해 국가에서 만든 기관으로, 소비자의 생활 실태 등을 조사하고 소비자의 의견을 정부와 기업에 반영시키는 일도 합니다.

✏️ 예준 ✕ 지아 ✕ 민하 ○

1 (1) ⓒ (2) ㉠ (3) ㉢ (4) ㉣

2 (1) 국내 (2) 끝냄 (3) 사용자

3 세아   **4** 수출

5 ④

6 (1) ㉯ (2) ㉰ (3) ㉮

7 (3) ○

8 무역   **9** ⑤

1 '교역'은 '나라와 나라 사이에 물건을 서로 사고팖.', '빈부'는 '가난함과 부유함.', '투자'는 '이익을 얻기 위해 어떤 일이나 사업에 돈을 대거나 시간이나 정성을 쏟음.', '경제 활동'은 '인간의 생활에 필요한 돈이나 물건, 노동을 생산, 분배, 소비하는 데에 관계된 모든 활동.'을 뜻합니다.

2 '내수'는 '국내에서의 수요.'를, '준공'은 '공사를 다 끝냄.'을, '노사'는 '노동자와 사용자.'를 뜻합니다.

3 '투자'는 '이익을 얻기 위해 어떤 일이나 사업에 돈을 대거나 시간이나 정성을 쏟음.'을 뜻하므로 세아는 낱말을 잘못 사용했습니다.

4 세 문장 모두 국내의 상품을 외국으로 팔아 내보낸다는 내용이므로 '수출'이 들어가기에 알맞습니다

5 '준공'과 뜻이 비슷한 낱말은 '공사를 완전히 다 이룸.'을 뜻하는 '완공'입니다.

6 '내수'는 '외국에서의 수요.'를 뜻하는 '외수'와, '준공'은 '공사를 시작함.'을 뜻하는 '착공'과, '수출하다'는 '다른 나라로부터 상품이나 기술 등을 국내로 사들이다.'를 뜻하는 '수입하다'와 뜻이 반대입니다

7 '허심탄회'는 '품은 생각을 터놓고 말할 만큼 아무 거리낌이 없고 솔직함.'을 뜻하는 한자 성어입니다.

8 '교역'은 '나라와 나라 사이에 서로 물건을 사고파는 일.'을 뜻하는 '무역'과 뜻이 비슷합니다.

9 이 글은 국가 경쟁력을 키우자는 주장을 세 가지 근거를 들어 말하고 있습니다.

법	안					수	요
치						출	
			개	진	하	다	
					다		
	제	정	하	다			
		의					
		롭					인
존	엄	하	다			주	권

1 지켜야   **2** 소득

3 생산   **4** 착공

5 ⑤   **6** ④

7 〔예〕 동생은 당근이 들어간 음식은 맛이 없을 것이라는 편견으로 먹지 않았다.

8 〔예〕 할아버지께서 형과 나를 차별 대우 하시는 것 같아서 속상했다.

【한 걸음 더!】 (1) 정권 (2) 정책 (3) 정당

3 '소비'는 '돈, 물건, 시간, 노력, 힘 등을 써서 없앰.'을 뜻하는 낱말로, '사람이 생활하는 데 필요한 물건을 만듦.'을 뜻하는 '생산'과 뜻이 반대입니다.

4 '준공'은 '공사를 다 끝냄.'을 뜻하는 낱말로, '공사를 시작함.'을 뜻하는 '착공'과 뜻이 반대입니다.

5 '남의 땅이나 권리, 재산 등을 침범하여 해를 끼치다.'를 뜻하는 '침해하다'가 알맞습니다.

6 '법이나 제도 등을 만들어서 정하다.'를 뜻하는 '제정하다'가 알맞습니다.

【한 걸음 더!】 (1) 정치를 맡아 행하는 권력이 바뀌었다는 것이므로 '정권'이 알맞습니다. (2) 새로운 정치적 방법을 발표했다는 것이므로 '정책'이 알맞습니다. (3) 정치적 생각을 같이 하는 단체에서 후보를 선정한 것이므로 '정당'이 알맞습니다.

5주 세계의 여러 나라와 관련된 말

5주 1일차

✏️ ❶ 경도 ❷ 위도 ❸ 적도 ❹ 북반구
❺ 대륙 ❻ 대양 ❼ 영토 ❽ 지구본

1 (1) 경도 (2) 위도 (3) 적도

2 (1) 땅 (2) 바다

3 ③

4 (1) 대륙 (2) 지구본

5 ③　　　　　**6** ④

7 (1) ㉯ (2) ㉮

8 ㉯　　　　　**9** (1) ○ (3) ○

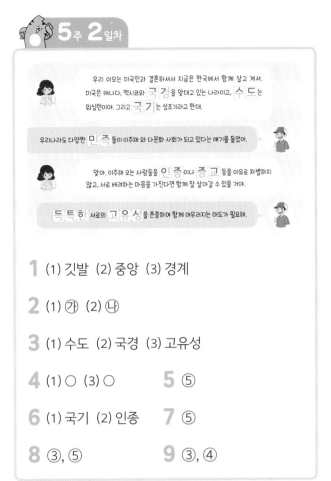

5주 2일차

1 (1) 깃발 (2) 중앙 (3) 경계

2 (1) ㉮ (2) ㉯

3 (1) 수도 (2) 국경 (3) 고유성

4 (1) ○ (3) ○　　　**5** ⑤

6 (1) 국기 (2) 인종　　**7** ⑤

8 ③, ⑤　　　　　**9** ③, ④

---

3 '영토'는 '국가의 통치권이 미치는 구역.'이라는 뜻으로, 독도는 독도 경비대가 수호하며 대한민국의 통치권이 미치는 구역이지만 일본이 자신의 통치권이 미치는 구역으로 삼으려고 주장한다는 뜻이므로 빈칸에 공통으로 들어갈 낱말은 '영토'입니다.

4 (1) 미국은 북아메리카라는 크고 넓은 땅에 속해 있다는 뜻이므로 '대륙'이 알맞습니다. '대표'는 '전체의 상태나 성질을 어느 하나로 잘 나타냄. 또는 그런 것.'을 뜻하는 낱말입니다. (2) 지구본은 지구를 본떠 만든 모형으로 삼차원의 구 형태를 지니고 있어 땅의 모양과 크기를 왜곡 없이 잘 나타내어 줍니다. '지구촌'은 지구 전체를 한 마을처럼 여겨 이르는 말입니다.

5 세계의 많은 바다 가운데 특히 넓고 큰 바다를 가리켜 '대양'이라고 합니다. 또한 지구에서 바다로 둘러싸인 커다란 땅을 가리켜 '대륙'이라고 하므로, ㉠에는 대양, ㉡에는 대륙이 들어가는 것이 알맞습니다.

6 '북반구'와 뜻이 반대인 낱말은 '적도를 경계로 지구를 둘로 나누었을 때의 남쪽 부분.'을 뜻하는 '남반구'입니다.

8 ㉮는 '기본이 되는 표준.'이라는 뜻의 '기준'이, ㉯는 '세계 표준시를 기준으로 하여 정한 세계 각 지역의 시간 차이.'라는 뜻의 '시차'가 들어가야 알맞습니다.

---

3 (1) '한양'은 '서울'의 옛 이름으로 '서울'은 우리나라의 중앙 정부가 있는 도시이므로 '수도'가 들어가야 알맞습니다. (2) 베토벤의 음악은 시대와 나라 간의 경계를 넘어 모두에게 감동을 준다는 뜻이므로 '국경'이 들어가야 알맞습니다. (3) 우리 전통문화의 고유한 성질이나 특유의 속성을 유지하면서 세계화해야 한다는 뜻이므로 '고유성'이 들어가야 알맞습니다.

4 '국경'은 '나라와 나라의 영역을 가르는 경계.'를 뜻하는 말로, (2)에는 '나라를 대표하고 상징하는 노래.'를 뜻하는 '국가'가 들어가는 것이 알맞습니다.

5 자연이나 신에게 무언가를 바라던 마음이라고 하였으므로 '신이나 초자연적인 존재를 믿고 복종하면서 생활이나 철학의 기본으로 삼는 문화 체계.'를 뜻하는 '종교'가 들어가는 것이 알맞습니다.

6 우리나라의 태극기, 미국의 성조기, 일본의 일장기는 한 나라를 상징하는 깃발의 종류이므로 이를 포함할 수 있는 낱말은 '국기'입니다. 흑인종, 황인종, 백인종은 인류를 지역과 신체적 특성에 따라 구분한 것으로 이를 포함할 수 있는 낱말은 '인종'입니다.

8 '독특하다'와 뜻이 비슷한 낱말은 '동일한 종류에 속하는 보통의 것과 다른 특색이 있다.'라는 뜻의 '색다르다'와 '보통과 구별되게 다르다.'라는 뜻의 '특별하다'입니다.

✏️ 윤정 ○ 지혁 ✕ 정아 ✕

1 (1) ㄹ (2) ㄱ (3) ㄴ (4) ㄷ

2 (1) 마을 (2) 해외

3 (1) 빈곤 (2) 통일 (3) 인류애

4 (1) 구호 (2) 외교

5 (1) 구제하는 (2) 굶주림

6 ③ **7** (3) ○

8 ③

9 ㄴ, ㄷ, ㄹ, ㅁ, ㄱ

3 (1) '흉년'이란 '농작물이 잘되지 않아 굶주리게 된 해.'를 뜻하므로 '가난하여 살기가 어려움.'을 뜻하는 '빈곤'이 들어가야 알맞습니다. (2) 남한과 북한이 하나로 합쳐지는 것을 보고 싶어 하셨다는 뜻이므로 '통일'이 들어가야 알맞습니다. (3) 아프리카에서 병든 이들을 위해 봉사하였다고 하였으므로 '인류 전체에 대한 사랑.'을 뜻하는 '인류애'가 들어가야 알맞습니다.

4 (1) 이재민을 돕는 활동을 하였다는 뜻이므로 '재해나 재난 등으로 어려움에 처한 사람을 도와 보호하다.'를 뜻하는 '구호하다'가 알맞습니다. (2) 조선은 일본과의 원활한 관계를 맺기 위해 통신사를 파견한 것이므로 다른 나라와 관계를 맺는 일을 뜻하는 '외교'가 알맞습니다.

5 (1) '구제하다'는 '자연적인 재해나 사회적인 피해를 당하여 어려운 처지에 있는 사람을 도와주다.'라는 뜻으로 '구호하다'와 뜻이 비슷합니다. (2) '굶주림'은 '먹을 것이 없어 배를 곯는 것.'이라는 뜻으로 '기아'와 뜻이 비슷합니다.

6 '외교'란 '다른 나라와 정치적, 경제적, 문화적 관계를 맺는 일.'을 뜻하고, '수교'란 '나라와 나라 사이에 교제를 맺음.'을 뜻하는 말로 뜻이 서로 비슷합니다.

7 작은 힘이라도 여럿이 힘을 모아 합하면 난민 아이들을 도울 수 있는 큰 힘이 된다는 내용이므로 '여러 사람이 조금씩 힘을 합하면 한 사람을 돕기 쉬움을 이르는 말.'을 뜻하는 '십시일반'과 관련이 있습니다.

8 '살림살이가 넉넉하지 못함. 또는 그런 상태.'라는 뜻의 '가난'과 뜻이 비슷한 낱말은 '빈곤'입니다.

✏️ (1) 포용 (2) 조력

1 (1) 기여 (2) 배척 (3) 포용

2 (1) 도와줌 (2) 많은 (3) 계약

3 ③ **4** (1) ○ (3) ○

5 ㄹ, ㅁ

6 ① **7** ①

8 (1) ㉯ (2) ㉮ **9** ⑤

2 '조력'은 '힘을 써 도와줌. 또는 그 힘.', '다양성'은 '모양, 빛깔, 형태, 양식 등이 여러 가지로 많은 특성.', '협약'은 '국가와 국가 사이에 문서를 교환하여 계약을 맺음. 또는 그 계약.'을 뜻합니다.

3 빈칸에 들어갈 낱말은 '힘을 써 도와줌. 또는 그 힘.'을 뜻하는 '조력'입니다.

4 (2) 개인의 다양성을 너그럽게 감싸고 받아들일 줄 알아야 한다는 의미로 '포용하다'라는 말이 들어가야 알맞습니다.

5 '완화되다'는 '긴장된 상태나 급박한 것이 느슨하게 되다.'라는 뜻이므로 '풀어지다'와 뜻이 비슷하고, '기여하다'는 '도움이 되도록 이바지하다.'라는 뜻이므로 '이바지하다'와 뜻이 비슷합니다.

6 불교가 타락의 길을 걷자 신진 사대부들이 새로운 사상을 내세우며 불교를 거부하여 밀어 내치게 되었다는 내용이므로 '배척'이 들어가야 합니다. '배척하다'와 뜻이 비슷한 낱말은 '어떤 사상, 의견, 물건 등을 물리치다.'라는 뜻의 '배격하다'입니다.

7 '형형색색'은 '형상과 빛깔 등이 서로 다른 여러 가지.'를 뜻하는 말로, 밑줄 친 내용과 관계있는 한자 성어입니다.

8 '포용하다'와 뜻이 비슷한 낱말은 '어떠한 것을 받아들이다.'를 뜻하는 '수용하다'이고, '배척하다'와 뜻이 비슷한 낱말은 '받아들이지 않고 물리쳐 제외하다.'를 뜻하는 '배제하다'입니다.

9 글쓴이는 난민 문제에 대하여 포용적인 접근을 통해 상생할 수 있는 방향으로 나아가기를 희망하고 있습니다.

외	교	관	습	인	수	도	기	민
대	역	세	빈	구	인	종	아	족
양	륙	조	곤	호	류	지	구	촌
국	기	토	력	하	애	국	경	일
현	포	용	하	다	추	고	민	다
경	적	완	화	되	다	족	유	양
도	면	협	약	상	통	일	기	성

1 ①

2 ②

3 겨레

4 공헌하고자

5 조력

6 구호하는

7 예 신라 진흥왕은 세력을 확장하여 개척한 영토 곳곳에 순수비를 세웠다.

8 예 중국, 일본 등은 우리나라와 위도가 비슷한 나라이다.

한 걸음 더! (1) 이방인 (2) 성인 (3) 내국인

3 '민족'은 '오랫동안 일정한 지역에서 함께 생활하면서 고유한 언어, 문화, 역사를 이룬 사람들의 집단.', '겨레'는 '같은 핏줄을 이어받은 민족.'이라는 뜻으로, '민족'과 '겨레'는 뜻이 서로 비슷합니다.

4 '기여하다'는 '도움이 되도록 이바지하다.', '공헌하다'는 '힘을 써 이바지하다.'라는 뜻으로 '기여하다'와 '공헌하다'는 뜻이 서로 비슷합니다.

5 앤 설리번이 힘을 써 도와줌으로써 헬렌 켈러가 지적으로 눈부신 성장을 이룰 수 있었다는 내용이므로 '조력'이 들어가는 것이 알맞습니다.

6 지진으로 어려움에 처한 사람을 도와 보호하고자 하는 손길들이 이어지고 있다는 뜻이므로 '구호하는'이 들어가는 것이 알맞습니다.

한 걸음 더! (1) 많은 다른 나라에서 온 사람들이 모였다는 말이므로 '이방인'이 알맞습니다. (2) 어른만 볼 수 있다는 말이므로 '성인'이 알맞습니다. (3) 제주도가 속한 한국의 사람들을 위한 한글 안내가 잘 되어 있다는 말이므로 '내국인'이 알맞습니다.

6주 자연, 우리 생활과 관련된 말

✏ ❶ 가공 ❷ 숨다 ❸ 습성 ❹ 원예 ❺ 작물
❻ 조경 ❼ 조성 ❽ 척박

1 (1) ㉢ (2) ㉣ (3) ㉠ (4) ㉡

2 (1) 아름답게 (2) 가꾸는

3 ㉡

4 습성

5 ⑤

6 제조한

7 (1) ○

8 ①, ②

9 ⑤

3 '척박하다'는 '땅이 기름지지 못하고 몹시 메마르다.'라는 뜻이므로 척박한 땅에서 작물이 잘 자란다는 문장은 알맞지 않습니다.

4 '습성'이란 '같은 종류의 동물에서 공통되는 생활 방식이나 행동 양식.'으로 이 글은 실제로 깔끔한 동물인 돼지들의 공통적인 생활 방식이나 행동 양식에 대해서 설명하고 있으므로 '습성'이 알맞습니다.

5 '농민'은 '농사짓는 일을 생업으로 삼는 사람.'으로 '이것'의 피해를 입어서 농민들의 시름이 깊어진다고 하였으므로 '논밭에 심어 가꾸는 곡식이나 채소.'를 뜻하는 '작물'이 들어가는 것이 알맞습니다.

6 '가공하다'는 '원자재나 반제품을 인공적으로 처리하여 새로운 제품을 만들거나 제품의 질을 높이다.'라는 뜻으로 '원료에 인공을 가하여 정교한 제품을 만들다.'라는 뜻의 '제조하다'와 뜻이 비슷합니다.

7 '꿩 먹고 알 먹고'는 '한 가지 일을 하여 두 가지 이상의 이익을 보게 됨을 비유적으로 이르는 말.'이므로 (1)의 쓰임이 알맞습니다. (2)와 (3)에 어울리는 속담은 '엎친 데 덮친다.' 등입니다.

8 '세우다'는 '나라나 기관 등을 처음으로 생기게 하다.', '건설하다'는 '건물, 설비, 시설 등을 새로 만들어 세우다.'라는 뜻으로 '조성하다'와 뜻이 비슷합니다.

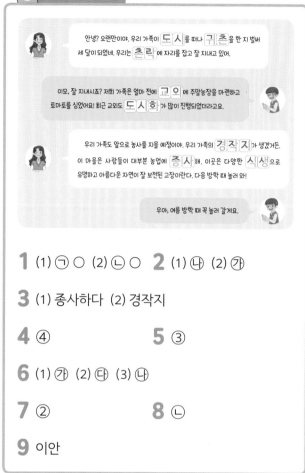

1 (1) ㉠ ○ (2) ㉡ ○ **2** (1) ㉯ (2) ㉮

3 (1) 종사하다 (2) 경작지

4 ④ **5** ③

6 (1) ㉮ (2) ㉰ (3) ㉯

7 ② **8** ㉡

9 이안

3 (1) 돈을 벌려고 공장 일을 일삼아 했다는 것이므로 '어떤 일을 일삼아서 하다.'를 뜻하는 '종사하다'가 알맞습니다. '종료하다'는 '어떤 행동이나 일 등이 끝나다. 또는 행동이나 일 등을 끝마치다.'를 뜻합니다. (2) 농사지을 땅이 부족하다는 것으로 보아 '농사를 짓는 땅.'을 뜻하는 '경작지'가 들어가야 알맞습니다. '사적지'는 '역사적으로 중요한 사건이나 시설의 자취가 남아 있는 곳.'을 뜻합니다.

5 도시에서 촌락으로 이사한다는 내용으로 보아 빈칸에 들어갈 말은 '귀촌'이 알맞습니다.

6 (1) '경작지'는 '농사를 짓는 땅.'이라는 뜻으로, '농사짓는 데 쓰는 땅.'을 뜻하는 '농경지'와 뜻이 비슷합니다. (2) '도시'는 '일정한 지역의 정치·경제·문화의 중심이 되는, 사람이 많이 사는 지역.'이라는 뜻으로, '사람이 많이 살고 상공업이 발달한 번잡한 지역.'을 뜻하는 '도회지'와 뜻이 비슷합니다. (3) '교외'는 '도시의 주변 지역.'이라는 뜻으로 '도시의 가까운 변두리에 있는 마을이나 들.'을 뜻하는 '근교'와 뜻이 비슷합니다.

8 ㉡ '촌락'과 '마을'은 둘 다 '주로 시골에서, 여러 집이 모여 사는 곳.'이라는 뜻으로 서로 뜻이 비슷합니다.

✏ 예준 ✕ 지아 ○ 민하 ✕

1 (1) 흐릿하다 (2) 햇볕 (3) 얼어붙은

2 (1) 낮, 바다, 육지 (2) 밤, 육지, 바다

3 윤아 **4** ㉠

5 (1) 육풍 (2) 해풍 (3) 서리

6 ② **7** ②

8 (2) ○ **9** ③, ④

2 '해풍'은 '낮에 바다에서 육지로 부는 바람.'을 뜻하고, '육풍'은 '밤에 육지에서 바다로 부는 바람.'을 뜻합니다.

3 '가시거리'는 '눈으로 볼 수 있는 거리.'를 뜻하므로 안개가 짙을수록 가시거리가 길어진다는 말은 알맞지 않습니다. '불쾌지수'는 '사람이 무더위에 대하여 느끼는 불쾌감의 정도를 기온과 습도의 관계로 나타내는 수치.'이므로 추위와 관련이 있어서 겨울에 높아진다는 말은 알맞지 않습니다.

4 '자욱하다'는 '연기나 안개 등이 잔뜩 끼어 흐릿하다.'를 뜻하는 말로, 강바람이 자욱하다는 표현은 알맞지 않습니다.

5 (1) 밤에 '이것'이 분다고 하였으므로 '밤에 육지에서 바다로 부는 바람.'을 뜻하는 '육풍'이 들어가는 것이 알맞습니다. (2) 바다로부터 시작되어 들판을 지나 마을로 부는 바람이므로 '낮에 바다에서 육지로 부는 바람.'을 뜻하는 '해풍'이 들어가는 것이 알맞습니다. (3) '이것'이 내려서 농작물에 큰 피해를 입었다고 하였으므로 '대기 중의 수증기가 지상의 물체 표면에 얼어붙은 것.'을 뜻하는 '서리'가 들어가는 것이 알맞습니다.

6 '자욱하다'는 '연기나 안개 등이 잔뜩 끼어 흐릿하다.'라는 뜻이고, '짙다'는 '안개나 연기 등이 자욱하다.'라는 뜻으로 서로 뜻이 비슷합니다.

8 '일조량'은 '일정한 물체의 표면이나 지표면에 비치는 햇볕의 양.'이라는 뜻으로, 여름은 낮이 길어서 일조량이 겨울보다 많습니다.

9 내일 산간 고지대에서 서리와 얼음이 관측될 것으로 예상하였고, 이미 지난달 말 설악산에서 단풍이 시작되었다고 하였습니다.

✏️ (1) 식기 (2) 가옥

1 (1) ㉡ (2) ㉠ (3) ㉢ (4) ㉣

2 (1) ㉠ ○ (2) ㉠ ○

3 (1) 부패한 (2) 향신료

4 (1) ○ (3) ○   **5** ②

6 ㉡   **7** ⑤

8 상하게   **9** ③

1 '주식'은 '밥이나 빵과 같이 끼니에 주로 먹는 음식.', '주거'는 '일정한 곳에 머물러 삶. 또는 그런 집.', '향신료'는 '음식에 맵거나 향기로운 맛을 더하는 조미료.', '착용하다'는 '옷, 모자, 신발, 액세서리 등을 입거나, 쓰거나, 신거나 차거나 하다.'를 뜻합니다.

3 (1) '이러한' 음식을 먹고 식중독에 걸릴 수 있다는 것으로 보아 썩은 음식을 뜻하는 '부패한'이 들어가야 합니다. (2) 이 식당은 직접 개발한 조미료를 넣어 만든 소스가 일품이라는 뜻으로 쓰였으므로 '향신료'가 들어가야 합니다.

4 '착용하다'는 '옷, 모자, 신발, 액세서리 등을 입거나, 쓰거나, 신거나, 차거나 하다.'라는 뜻이므로 악기의 강약을 잘 착용해야 한다는 말은 알맞지 않습니다. '조절해야' 등으로 바꾸어 써야 알맞은 문장이 됩니다.

5 '가옥'은 '사람이나 동물이 추위, 더위, 비바람 등을 막고 그 속에 들어 살기 위하여 지은 건물.'이라는 뜻의 '집'과 뜻이 비슷합니다.

6 '주식'은 '밥이나 빵과 같이 끼니에 주로 먹는 음식.'을 뜻하고 '부식'은 '주식에 곁들여 먹는 음식. 밥에 딸린 반찬 등.'을 뜻하므로 ㉡은 뜻이 서로 반대인 낱말입니다.

7 문제가 생긴 다음에야 문제를 해결하려고 하지 말고 편안할 때도 위태로울 때의 일을 생각하라는 의미의 '거안사위'와 관련이 있습니다.

8 '부패하다'는 '음식이 변하거나 썩어서 먹을 수 없게 되다.'라는 뜻의 '상하다'와 뜻이 비슷합니다.

9 높은 곳에서 떨어뜨려도 깨지지 않는다는 내용은 나와 있지 않습니다.

		¹가	옥			⁴종	
		시				사	
		거		³척	박	하	다
	²서	리				다	
				⁷조	⁸경		
			⁵귀	⁶촌		⁹작	물
				락		지	

1 ③   **2** ④

3 메마른   **4** 부패하지

5 솎는   **6** 종사한

7 📝 삼촌은 영국으로 유학을 간 뒤로 계속 그곳에서 주거 중이다.

8 📝 최근 많은 사람들이 귀촌을 꿈꾸고 있다.

한 걸음 더! (1) 강촌 (2) 농촌 (3) 어촌

3 '척박하다'는 '땅이 기름지지 못하고 몹시 메마르다.'라는 뜻으로 '땅이 물기가 없고 기름지지 않다.'라는 뜻의 '메마르다'와 뜻이 비슷합니다.

4 '썩다'는 '유기물이 부패 세균에 의하여 분해됨으로써 원래의 성질을 잃어 나쁜 냄새가 나고 형체가 뭉개지는 상태가 되다.'라는 뜻으로 '단백질이나 지방 등이 미생물의 작용에 의하여 썩다.'라는 뜻의 '부패하다'와 뜻이 비슷합니다.

5 '솎다'는 '촘촘히 있는 것을 군데군데 골라 뽑아 성기게 하다.'라는 뜻으로 상추들이 촘촘히 나면서 생기는 문제를 해결하기 위해 '이것'을 하는 것이므로 '솎는'이 들어가야 합니다.

6 해녀들은 어업을 직업 삼아서 일하므로, '어떤 일을 일삼아서 하다.'라는 뜻의 '종사하다'가 들어가야 알맞습니다.

한 걸음 더! (1) 강을 낀 마을이므로 '강촌'이 알맞습니다. (2) 대부분의 사람들이 농업에 종사하는 마을은 '농촌'입니다. (3) 고기잡이를 하는 일에 적합한 마을은 '어촌'입니다.

7주  운동, 에너지와 관련된 말

7주 1일차

✏️ ❶ 가열 ❷ 단열 ❸ 달구다 ❹ 대류
　　❺ 수온 ❻ 어림 ❼ 온도계 ❽ 전도

1 (1) ㄹ (2) ㄴ (3) ㄱ (4) ㄷ

2 (1) ㉮ (2) ㉯

3 ㉠

4 (1) 전도 (2) 대류

5 ③

6 냉각하여

7 (3) ○

8 데울

9 (2) ○

---

3 '단열'이란 '물체와 물체 사이에 열이 서로 통하지 않도록 막음. 또는 그렇게 하는 일.'을 뜻하므로 단열이 잘되는 집이 겨울에 춥다는 말은 알맞지 않습니다. '단열이 잘되지 않아서' 또는 '통풍이 잘되어서'로 바꾸어야 알맞은 문장이 됩니다.

4 (1) 뜨거운 국의 열이 숟가락으로 이동한 현상에 대한 설명이므로 '전도'가 알맞습니다. (2) 뜨거운 물이 올라가고 차가운 물이 밑으로 내려감으로써 물이 끓게 되는 원리를 설명하고 있으므로 물질이 이동함으로써 열이 전달되는 '대류'가 알맞습니다.

5 엘니뇨란 '이것'이 올라가는 현상으로, 바다 표면의 온도가 0.5℃ 이상 높은 현상이고, 라니냐는 '이것'이 내려가는 현상으로, 바다 표면의 온도가 0.5℃ 이상 낮은 현상이라고 하였으므로 '물의 온도.'를 뜻하는 '수온'이 들어가는 것이 알맞습니다.

6 '가열하다'는 '어떤 물질에 열을 가하다.'라는 뜻으로 '식혀서 차게 하다.'라는 뜻의 '냉각하다'와 뜻이 서로 반대입니다.

7 '언 발에 오줌 누기'는 '임시변통은 될지 모르나 그 효력이 오래가지 못할 뿐만 아니라 결국에는 사태가 더 나빠짐을 비유적으로 이르는 말.'로 '갑자기 터진 일을 우선 간단하게 둘러맞추어 처리함.'이라는 뜻의 '임시방편'과 관련이 있습니다.

8 (1) '가열하다'와 뜻이 비슷한 낱말은 '식었거나 찬 것을 덥게 하다.'라는 뜻의 '데우다'입니다.

7주 2일차

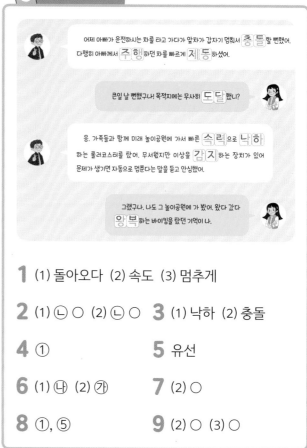

1 (1) 돌아오다 (2) 속도 (3) 멈추게

2 (1) ㄴ ○ (2) ㄴ ○　　**3** (1) 낙하 (2) 충돌

4 ①　　　　　　　　**5** 유선

6 (1) ㉯ (2) ㉮　　　**7** (2) ○

8 ①, ⑤　　　　　　**9** (2) ○ (3) ○

---

3 (1) 중력이 없는 무중력 공간에서는 사물이 낮은 데로 떨어지지 않는다는 뜻이므로 '낙하하지' 않는다는 말이 알맞습니다. (2) 한눈을 팔고 자전거를 타다가 다른 자전거와 부딪쳤다는 뜻이므로 '충돌하다'가 알맞습니다.

4 상어는 '로렌치니 암폴라'라는 특별한 기관을 통해 먹잇감에서 나오는 미량의 전기 신호를 알아차리고, 이것을 활용하여 먹이에 쉽게 가까이 다가간다는 뜻이므로 '감지하다', '도달하다'라는 낱말이 들어가야 합니다.

5 빙판길에서 차를 멈추게 하려다가 미끄러져 사고가 나면 다른 차와 맞부딪쳐 큰 사고로 이어질 수 있다는 내용이므로 '감지하면'이 아닌 '충돌하면'이 알맞습니다.

6 (1) '낙하하다'는 '높은 데서 낮은 데로 떨어지다.'라는 뜻으로, '위에서 아래로 내려지다.'라는 뜻의 '떨어지다'와 뜻이 비슷합니다. (2) '충돌하다'는 '서로 맞부딪치거나 맞서다.'라는 뜻으로, '무엇과 무엇이 힘 있게 마주 닿거나 마주 대다. 또는 닿거나 대게 하다.'라는 뜻의 '부딪치다'와 뜻이 비슷합니다.

8 '도달하다'는 '목적한 곳이나 수준에 다다르다.'라는 뜻으로, '목적한 곳에 이르다.'라는 뜻의 '다다르다', '목적한 곳에 다다르다.'라는 뜻의 '도착하다'와 뜻이 비슷합니다.

✏️ 윤정 ✕ 지혁 ○ 정아 ✕

1 (1) ⑭ (2) ㉮

2 (1) 전기 (2) 선 (3) 자기화

3 (1) 누전 (2) 전자석

4 ㉠

5 (1) 도체 (2) 합선 (3) 전류

6 ⑤

7 (2) ○ (3) ○　　**8** 전기

9 (2) ○

3 (1) 전기가 새어 흘러 감전 사고의 위험이 있다는 말이므로 '누전'이 알맞습니다. (2) 전류가 흐를 때만 자석의 성질을 띤다고 하였으므로 초인종 안에 '전자석'이 들어 있다는 내용이 알맞습니다.

4 '감전'은 '전기가 통하고 있는 물체가 몸에 닿아 충격을 받음.'을 뜻합니다. 물에 젖은 손으로 콘센트를 만지거나, 오래되거나 손상된 전선을 사용하면 전기가 몸에 닿아 충격을 받을 수 있습니다. ㉠은 빈칸에 '전류'가 들어가야 알맞은 문장이 됩니다.

5 (1) 전구 안에 있는 물체는 전류가 잘 흐르는 성질을 지녔으므로 '도체'가 알맞습니다. (2) 전류가 흐르는 두 선이 사고로 직접 맞붙는 일이 발생하여 집 안의 모든 불이 꺼진 것 같다는 내용이므로 '합선'이 알맞습니다. (3) 전신주는 전선이나 통신선을 늘여 매기 위하여 세운 기둥으로 '이것'이 흐른다고 하였으므로 '전류'가 알맞습니다.

6 '도체'는 '금·은 같이 열이나 전기 등을 잘 통하게 하는 물체.'이고, '부도체'는 '열이나 전기를 잘 전달하지 않는 물체.'라는 뜻으로 서로 뜻이 반대입니다.

8 '감전'은 '전기가 통하는 물체가 몸에 닿아 충격을 받음.'을 뜻하고, '누전'은 '전기가 전깃줄 밖으로 새어 흐름.'을 뜻합니다.

9 우리 몸이 건조할 때보다 수분이 있을 때 전기 저항이 감소한다고 하였으므로, 몸에 수분이 있을 때에 비해 건조할 때 전기 저항이 늘어난다는 설명이 알맞습니다.

✏️ (1) 정전 (2) 연료

1 (1) ㉠ (2) ㉣ (3) ㉡ (4) ㉢

2 (1) 원전 (2) 정전

3 에너지

4 (1) ○ (2) ○

5 ㉡　　　　　　**6** 발굴

7 ②　　　　　　**8** ⑭

9 (2) ○ (3) ○

1 '매장'은 '지하자원 등이 땅속에 묻히어 있음.', '연료'는 '태워서 빛이나 열을 내거나 기계를 움직이는 에너지를 얻을 수 있는 물질.', '손실되다'는 '잃어버리게 되거나 줄어서 손해가 생기다.', '재생하다'는 '낡거나 못 쓰게 된 물건을 가공하여 다시 쓰게 하다.'를 뜻합니다.

2 (1) 원자력 발전소를 줄여 '원전'이라고 합니다. (2) 오던 전기가 끊어지는 것을 '정전'이라고 합니다.

3 빈칸에 공통으로 들어갈 말은 '어떠한 것이 가지고 있는, 일을 할 수 있는 힘.'을 뜻하는 '에너지'입니다.

4 (3) '정전'은 오던 전기가 끊어지는 것을 뜻하므로 전기를 정전으로 전동기를 움직인다는 말은 알맞지 않습니다. '태워서 빛이나 열을 내거나 기계를 움직이는 에너지를 얻을 수 있는 물질.'을 뜻하는 '연료'로 바꾸어 써야 알맞습니다.

5 ㉠은 '동력'이 아닌, '연료'에 대한 설명입니다.

6 '매장'은 '지하자원 등이 땅속에 묻히어 있음.'을 뜻하고 '발굴'은 '땅속이나 큰 덩치의 흙, 돌 더미 등에 묻혀 있는 것을 찾아서 파냄.'이라는 뜻이므로 뜻이 서로 반대인 낱말로 쓰였습니다.

7 ①은 '굳은 땅에 물이 괸다', ③은 '다람쥐 쳇바퀴 돌 듯', ④는 '선견지명', ⑤는 '고래 싸움에 새우 등 터진다'와 관련이 있습니다.

8 '매장'이 '지하자원 등이 땅속에 묻히어 있음.'의 뜻으로 사용된 문장은 ⑭입니다. ㉮의 '매장'은 '물건을 파는 장소.'라는 뜻입니다.

9 (1)은 독일의 '하이델베르크 온실'에 대한 설명입니다.

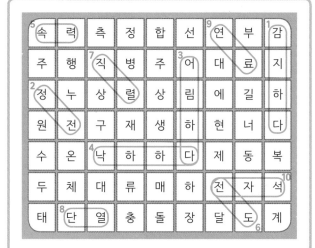

속	력	측	정	합	선	연	부	감
주	행	직	병	주	어	대	료	지
정	누	상	렬	상	림	에	길	하
원	전	구	재	생	하	현	너	다
수	온	낙	하	하	다	제	동	복
두	체	대	류	매	하	전	자	석
태	단	열	충	돌	장	달	도	계

1 ② **2** ②

3 가늠해 **4** 데우면서

5 감전 **6** 전류

7 예 오징어는 위험을 감지하면 먹물을 내뿜는다.

8 예 복도에서 뛰다가 다른 친구와 충돌하였다.

한 걸음 더! (1) 진동 (2) 감동 (3) 노동

1 '단열'이란 '물체와 물체 사이에 열이 서로 통하지 않도록 막음. 또는 그렇게 하는 일.'을 뜻합니다.

3 '어림하다'는 '대강 짐작으로 헤아리다.'라는 뜻으로 '사물을 어림잡아 헤아리다.'라는 뜻의 '가늠하다'와 뜻이 서로 비슷합니다.

4 '가열하다'는 '어떤 물질에 열을 가하다.'라는 뜻으로 '식었거나 찬 것을 덥게 하다.'라는 뜻의 '데우다'와 뜻이 서로 비슷합니다.

5 오래된 배터리가 장착되거나 전선의 피복이 벗겨진 전동 킥보드를 비가 오는 날 타게 되면 새어 흘러나온 전기가 몸에 닿아 충격을 받는 사고가 일어날 수 있다는 내용으로 '감전'이 들어가야 알맞습니다.

6 전지는 전해질들이 화학 반응을 일으켜 전류를 만드는 물건입니다.

한 걸음 더! (1) 건물이 흔들려 움직이는 것이 느껴졌다는 것이므로 '진동'이 알맞습니다. (2) 마음이 움직였다는 의미이므로 '감동'이 알맞습니다. (3) 일하는 행위인 '노동'이 알맞습니다.

8주 스포츠와 관련된 말

✏️ (1) 유연성 (2) 부상

1 (1) ⓛ (2) ⓒ (3) ㄱ

2 (1) ㄱ ○ (2) ⓛ ○

3 (1) 순발력 (2) 유연성

4 ③ **5** ⓛ

6 (1) 날쌘, 잽싼 (2) 단련된, 숙달된

7 (3) ○ **8** (1) ○

9 ②

3 '순발력'은 '근육이 순간적으로 빨리 수축하면서 나는 힘.'으로 순간적으로 달려 나가거나 높은 곳에서 뛰어내리는 능력과 관련이 있습니다. 유연성은 '딱딱하지 않고 부드러운 성질. 또는 그런 정도.'로 자신의 몸보다 작은 상자에 몸을 숨기거나 좁은 틈을 통과하는 능력과 관련이 있습니다.

4 기계의 힘보다 사람의 힘이 국가 노동력에서 큰 비중을 차지하던 때라는 내용으로 보아 '육체적 활동을 할 수 있는 몸의 힘.'이라는 뜻의 '체력'이 들어가야 알맞습니다.

5 '탄성'은 '물체에 외부에서 힘을 가하면 부피와 모양이 바뀌었다가, 그 힘을 제거하면 원래대로 되돌아가려고 하는 성질.'을 뜻합니다. ⓛ에서는 '탄성'을 '근육'으로 고쳐 써야 알맞은 문장이 됩니다.

6 밑줄 친 낱말 대신 바꾸어 넣어도 뜻이 변하지 않고 잘 통하는 낱말을 찾습니다. '민첩하다'는 '재빠르고 날쌔다.'라는 뜻으로 '날쌔다', '잽싸다'와 바꾸어 쓸 수 있습니다. '숙련되다'는 '연습이 많이 되어 능숙하게 익혀지다.'라는 뜻으로 '단련되다', '숙달되다'와 바꾸어 쓸 수 있습니다.

7 세윤이는 오랫동안 버티고 견디며 열심히 노력한 결과 못하였던 줄넘기를 잘하게 되었습니다. 이와 같은 세윤이의 상황과 관련 있는 한자 성어는 '대기만성'입니다.

8 ㄱ은 '몸에 상처를 입음.'이라는 뜻으로 사용되었습니다.

 8주 3일차

예준 ✕ 지아 ○ 민하 ✕

1 (1) 어김 (2) 잘못 (3) 얻음

2 (1) 득점 (2) 승패

3 보아   **4** ⑤

5 ⑤   **6** 승부

7 (3) ○

8 (1) 점수 (2) 동점

9 재훈

2 '득점'은 '시합이나 경기 등에서 점수를 얻음. 또는 그 점수.', '승패'는 '승리와 패배.'를 뜻합니다.

3 보아는 두 번의 경고를 받아 경기 중에 선수가 물러났다는 뜻으로 '퇴장하다'를 사용해야 합니다.

4 '무승부'는 '내기나 경기 등에서 이기고 짐이 없이 비김.'을 뜻하는 말로 승자도 패자도 없습니다. 축구 경기에서 후반전까지 무승부로 끝날 경우에는 연장전을 하고, 이 대 이와 같이 점수가 같은 경우를 무승부라고 합니다.

5 '득점'은 '시험이나 경기 등에서 점수를 얻음. 또는 그 점수.'를 뜻하는 말이고, '실점'은 '운동 경기나 승부 등에서 점수를 잃음. 또는 그 점수.'를 뜻하는 말로 뜻이 서로 반대입니다.

6 '승패'는 '승리와 패배.'로 '이김과 짐.'을 뜻하는 '승부'와 뜻이 서로 비슷합니다.

7 '건곤일척'이란 천하를 두고 한 번에 모든 것을 건다는 뜻으로, 운명을 걸고 단판걸이로 승패를 겨룸을 이르는 말입니다.

8 '득점'은 '성적을 나타내는 숫자.'인 '점수'와 바꾸어 쓸 수 있고, '무승부'는 '점수가 같음. 또는 같은 점수.'인 '동점'과 바꾸어 쓸 수 있습니다.

9 이탈리아가 먼저 득점을 하고 우리가 두 골을 넣으면서 역전을 하여 이겼습니다. 또한 후반전에서 규정을 지키지 않은 이탈리아 선수가 퇴장을 당하는 일이 있었습니다. 그러나 심판의 오심에 대한 내용은 나와 있지 않습니다.

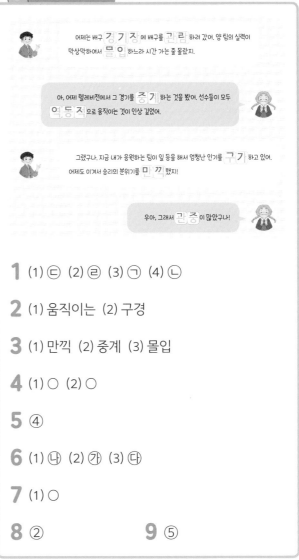

1 (1) ㉢ (2) ㉣ (3) ㉠ (4) ㉡

2 (1) 움직이는 (2) 구경

3 (1) 만끽 (2) 중계 (3) 몰입

4 (1) ○ (2) ○

5 ④

6 (1) ㉡ (2) ㉮ (3) ㉰

7 (1) ○

8 ②   **9** ⑤

4 (3) '관람하다'는 연극, 영화, 운동 경기 등을 구경할 때 쓰는 말입니다. '관람하다' 대신 '귀를 기울여 듣다.'라는 뜻의 '경청하다'를 쓰는 것이 알맞습니다.

5 텔레비전에서만 보던 축구 경기를 실제로 보니 선수들이 더욱 힘차고 활발하게 움직이고 운동 경기를 구경하던 사람들의 응원 열기도 생생하게 느껴졌다는 의미로 쓰였으므로 ㉠은 '역동적', ㉡은 '관중'이 들어가야 합니다.

6 (1) '관중'은 '운동 경기, 공연, 영화 등을 보거나 듣는 사람.'을 뜻하는 '관객'과 뜻이 비슷합니다. (2) '몰입하다'는 '한 가지 일에 정신을 쏟다.'라는 뜻의 '열중하다'와 뜻이 비슷합니다. (3) '만끽하다'는 '생활 속에서 마음껏 즐기거나 맛보다.'라는 뜻의 '누리다'와 뜻이 비슷합니다.

8 '관람하다'는 '연극, 영화, 운동 경기, 미술품 등을 구경하다.'라는 뜻으로, '흥미나 관심을 가지고 보다.'라는 뜻의 '구경하다'와 뜻이 비슷합니다.

① 개막 ② 결승 ③ 공정성 ④ 예선
⑤ 메달 ⑥ 올림픽 ⑦ 종목 ⑧ 채택

1 (1) 본선 (2) 승부 (3) 시작

2 (1) ㉠ ○ (2) ㉠ ○

3 (1) 종목 (2) 채택

4 (1) ○ (2) ○

5 ⑤   **6** ㉠, ㉢

7 ④   **8** 도입했다

9 ②, ⑤

3 (1) 공을 사용하는 항목은 모두 잘한다는 것이므로 '종목'이 알맞습니다. (2) 1988년 서울 올림픽 대회에서 탁구가 정식 종목으로 뽑혀 쓰인 것이므로 '채택하다'가 알맞습니다.

4 (3) 경기 마지막 날이라고 하였으므로 공연이나 행사 등을 시작함을 뜻하는 '개막'이 아니라 경기가 끝났음을 알리는 '폐막'이 알맞습니다.

5 이 글에서는 올림픽에서 경쟁하는 경기의 종류에 대하여 말하고 있으므로 '여러 가지 종류에 따라 나눈 항목.'을 뜻하는 말인 '종목'이 들어가야 합니다.

6 ㉠ '개막'은 '막을 열거나 올린다는 뜻으로, 공연이나 행사 등을 시작함.', '폐막'은 '막을 내린다는 뜻으로, 공연이나 행사 등이 끝남.'이라는 뜻으로, 뜻이 서로 반대입니다. ㉢ '공정성'은 '공평하고 올바른 성질.', '불공정성'은 '공평하고 올바르지 않은 성질.'로, 뜻이 서로 반대입니다.

7 ①은 '유유상종', ②는 '난공불락', ③은 '삼고초려', ⑤는 '동병상련'의 뜻입니다.

8 '작품, 의견, 제도 등을 골라서 다루거나 뽑아 쓰다.'라는 뜻의 '채택하다'와 뜻이 비슷한 낱말은 '기술, 방법, 물자 등을 끌어 들이다.'라는 뜻의 '도입하다'입니다.

9 ① 아시아에서 최초로 열린 올림픽이라는 설명은 나와 있지 않습니다. 실제로 1964년 일본 도쿄에서 먼저 올림 픽이 열렸습니다. ③ 서방 국가와 사회주의 국가들이 함 께 참여해 역사상 가장 큰 규모로 열렸다고 하였습니다. ④ 개막식의 굴렁쇠를 이용한 장면이 다른 개막식에서 베 낀 것이라는 내용은 없습니다.

¹관	중			³무	
람			²결	승	
하		⁵순	⁴부	상	
다		발			
	⁶지	⁷구	력		⁹판
	가		⁸공	정	성
	하			하	
	다			다	

1 ③   **2** ②

3 단련된   **4** 몰입하면

5 (1) 무승부 (2) 득점   **6** (1) 유연성 (2) 부상

7 예 남자 백 미터 달리기는 육상 종목 중에서도 가장 인기가 높다.

8 예 오빠는 수영 대회 결승에 진출했다.

한 걸음 더! (1) 경보 (2) 경쟁 (3) 경기

3 '숙련되다'는 '연습이 많이 되어 능숙하게 익혀지다.'라는 뜻으로 '단련되다'와 바꾸어 쓸 수 있습니다.

5 경기 내내 팽팽하였다는 것으로 보아 이기고 짐이 없이 비기는 상태인 '무승부'였음을 짐작할 수 있고, 실점을 허 용한 뒤에 패배하였다는 것으로 보아 추가 득점이 발생하 지 않았다는 것을 알 수 있습니다.

6 스트레칭으로 근육과 관절을 늘이고 풀어 준다고 하였으 므로 '딱딱하지 않고 부드러운 성질. 또는 그런 정도.'를 뜻 하는 '유연성'을 향상시켜 준다는 말이 들어가야 알맞습니 다. 또한 충격을 흡수하는 기능이 향상되어 운동 중에 몸 에 상처를 입을 위험도 감소시켜 주므로 '부상'이 들어가 야 알맞습니다.

한 걸음 더! (1) 걸어야 하는 것이므로 '경보'가 알맞습니다. (2) 시청률을 앞서기 위해 겨룬다는 뜻이므로 '경쟁'이 알맞습니 다. (3) 축구라는 운동을 겨루는 것이므로 '경기'가 알맞습니다.

하루의 학습이 끝날 때마다
붙임딱지를 골라 붙여 케이크를 꾸며 보세요.